레바논 헌법

الدستور اللبناني

명지대학교중동문제연구소
중동국가헌법번역HK총서 13

레바논 헌법

الدستور اللبناني

명지대학교 중동문제연구소
معهد الدراسات لشؤون الشرق الأوسط
جامعة ميونغ جي

머리말

　명지대학교 중동문제연구소는 2010년부터 10년 동안 한국연구재단의 인문한국(HK)지원사업 해외지역연구 사업을 수행하고 있습니다. "현대 중동의 사회변동과 호모이슬라미쿠스: 샤리아 연구와 중동학 토대구축"이란 대주제 하에 종합지역 연구(아젠다), 종합지역정보시스템 구축, 지역전문가 및 학문후속세대 양성, 국내외네트워크 형성 및 협력 강화, 사회적 서비스 사업을 중점적으로 수행하고 있습니다.

　이러한 사업의 일환으로 중동문제연구소에서는 현대 중동 국가들의 정체성을 가장 구체적으로, 가장 명료하게 표현해 놓은 중동 국가들의 헌법 원문(아랍어, 페르시아어, 터키어, 히브리어)을 우리 글로 번역 출판하는 작업을 하고 있습니다.

　『사우디아라비아 통치기본법』(2013.05.31)을 시작으로 『쿠웨이트 헌법』(2014.04.30), 『아랍에미리트 헌법』(2014.06.30), 『카타르 헌법』(2015.04.30), 『오만 술탄국 기본법』(2015.05.31), 『바레인 헌법』(2016.01.30), 『사우디아라비아 통치기본법(개정판)』
(2016.05.25), 『튀니지 헌법』(2016.05.31), 『알제리 인민민주공화국
헌법』(2017.05.31), 『이란 이슬람공화국 헌법』(2017.06.30), 『모로
코 왕국 헌법』(2018.01.20), 『이집트 아랍 공화국 헌법』(2018.06.30),
『요르단 하심 왕국 헌법』(2019.06.15)을 우리말로 옮겨 세상에 내놓
았고, 이번에는 『레바논 헌법』을 번역 출판합니다. 아랍어 원문의
의미에 가장 가까우면서도 독자들이 가장 잘 이해할 수 있도록 번
역하기 위해 언어학자, 정치학자, 종교학자, 변호사가 함께 했습니
다.

　헌법은 한 국가의 정치적·경제적·사회적·문화적 정체성과
그 안에 살고 있는 사람들의 삶의 양태를 가장 포괄적으로 규정하
고 있습니다. 또 헌법이 작동하는 국가에서 살고 있는 사람들은 법
생활뿐 아니라 정치·경제 생활에서도 상호공통의 정향성을 형성
합니다. 따라서 한 국가의 정체성을 이해하기 위해서는 우선 해당
국가의 헌법을 이해하는 가장 기초적이고 중요한 일입니다.

　최초의 레바논 헌법은 1926년 5월 23일에 선포되었고, 이후 수
차례 개정되었습니다. 6장 102조로 구성된 헌법은 특별히 그리스
도인과 무슬림 간 권력 균형을 맞추는 것을 중시하여 헌법 24조에
하원이 향후 종파에 바탕을 두지 않은 선거법을 제정할 때까지는

선거에서 종파간 균형을 맞춰야 한다고 규정하고 있습니다. 종파 안배라는 레바논의 정치 현실을 고스란히 반영하고 있는 조문입니다. 또 "정치적 분파주의의 철폐는 단계적 계획에 따라 실현되어야 할 국가의 기본 목표이다"라고 헌법서문에서 명백히 밝히고 있듯, 종파에 따른 정치적 분파가 국민 통합 국가로 레바논이 이행하는 데 가장 큰 어렵다는 현실을 보여주고 있습니다.

중동문제연구소는 중동연구의 기반 구축 사업의 일환으로 중동 주요 국가들의 헌법을 원문에 충실하게 번역하는 우리나라 최초의 연구소입니다. 무슨 일이나 '최초'라는 것은 개척자라는 의미도 있지만 용기와 두려움을 필요로 합니다. 아랍어문학, 정치학, 이슬람학 전공자들이 번역하고, 법 전문가의 감수를 받았음에도 세상에 내놓기에 두려움이 앞섭니다.

강의와 논문 작성 등 교수의 본업을 충실히 하면서도 꾸준히 공동번역과 여러 차례 교정 작업을 했고 법 전문가의 감수를 거쳤습니다. 그럼에도 불구하고 아랍어 자체의 난해함과 언어문화나 언어구조가 우리말과 달라 독자 여러분이 읽기에 난해한 부분이 있을 것입니다. 독자들의 애정 어린 평가를 기대합니다.

『레바논 헌법』을 번역하여 출판할 수 있도록 재정 지원을 해준 한국연구재단, 번역과 검토 및 수정 작업에 참여한 김종도 교수, 정상률 교수, 임병필 교수, 박현도 교수와 감수를 맡아 꼼꼼히 읽고 평가해 주신 MEA 로펌의 김현종, 한경재 변호사께 감사의 마음을 전합니다.

2019년 6월 25일
명지대학교 중동문제연구소장

차례

머리말 ——————— 5

레바논 헌법 ————————————— 11

제1장 총칙 ————————— 12

　　제1절 국가와 영토 ——————— 18

　　제2절 레바논 국민의 권리와 의무 ——— 24

제2장 권한 ————————— 32

　　제1절 총칙 ——————— 32

　　제2절 입법권 ——————— 38

　　제3절 총칙 ——————— 44

　　제4절 행정권 ——————— 66

제3장 ————————— 106

　　1. 대통령 선거 ——————— 106

　　2. 헌법 개정 ——————— 108

　　3. 하원의회 업무 ——————— 112

제4장 기타 조항 ——————— 116

　1. 최고위원회 ——————— 116

　2. 재정 ——————— 118

제5장 위임 통치국과
국제연맹에 관한 규정 ——————— 128

제6장 최종 임시 규범 ——————— 130

평화를 꿈꾸는 레바논 ——————— 139

　1. 개관 ——————— 141

　2. 역사 ——————— 144

　3. 헌법 ——————— 152

　4. 종교와 문화 ——————— 154

　5. 경제 ——————— 156

　6. 한국-레바논 관계 ——————— 158

참고문헌 ——————— 161
찾아보기 ——————— 163

레바논 헌법

제1장 총칙

제2장 권한

제3장

제4장 기타 조항

제5장 위임 통치국과 국제연맹에 관한 규정

제6장 최종 임시 규범

제1장
총칙

헌법 서문

(이 서문은 1990년 9월 21일 공포된 헌법에 의거해 추가됨)

1. 레바논은 주권을 가진 자유 독립국이고, 후손 모두를 위한 궁극적인 국가이며, 이 헌법에 명시되고 국제적으로 인정된 국경 내 단 하나의 영토 · 국민 · 단체이다.

2. 레바논은 아랍의 정체성과 소속감을 갖고, 아랍연맹의 창립회원으로서 활동하며 아랍연맹헌장을 준수한다.[1] 또한 레바논은 국제연합(UN)의 창립회원으로서[2] 활동하며, 국제연합헌장과 세계인권선언을 준수한다. 레바논은 모든 권리와 분야에서 이러한 원칙들을 예외 없이 구현한다.

3. 레바논은 표현의 자유와 신앙의 자유를 필두로 국민의

الباب الأول
أحكام أساسية

مقدمة الدستور

(أضيفت هذه المقدمة إلى الدستور اللبناني بموجب القانون الدستوري الصادر في ٢١/٩/١٩٩٠)

أ- لبنان وطن سيد حر مستقل، وطن نهائي لجميع أبنائه، واحد أرضا وشعبا ومؤسسات في حدوده المنصوص عنها في هذا الدستور والمعترف بها دوليا.

ب- لبنان عربي الهوية والانتماء وهو عضو مؤسس وعامل في جامعة الدول العربية وملتزم مواثيقها، كما هو عضو مؤسس وعامل في منظمة الأمم المتحدة وملتزم مواثيقها والإعلان العالمي لحقوق الإنسان وتجسد الدولة هذه المبادئ في جميع الحقوق والمجالات دون استثناء.

자유를 존중하고, 모든 국민들 간에 권리와 의무를 차별하거나 우선함이 없이 사회정의와 평등을 추구하는 의회 민주 공화국이다.

4. 국민은 권력의 원천이고 주권자로서 헌법 기관들을 통해 이를 행사한다.

5. 체제는 권력의 분립, 균형, 협력의 원칙에 기초한다.

6. 경제 체제는 개인의 창의성과 사적 소유권을 보장하는 자유 경제이다.

7. 문화적 · 사회적 · 경제적 측면에서 균형잡힌 지역 성장은 국가 통합과 체제 안정을 위한 기본 토대이다.

8. 정치적 분파주의의 철폐는 단계적 계획에 따라 실현되어야 할 국가의 기본 목표이다.

9. 레바논의 영토는 모든 레바논 국민을 위한 것이고, 모든 레바논 국민은 레바논 영토 어느 곳에서라도 거주할 권리와 법주권 하에서 이를 누릴 권리가 있다. 국민이 어디에 소속되어 있던 간에 차별하지 못하며 분할, 분리, 거주지를 강제할 수 없다.

ج– لبنان جمهورية ديمقراطية برلمانية، تقوم على احترام الحريات العامة وفي طليعتها حرية الرأي والمعتقد، وعلى العدالة الاجتماعية والمساواة في الحقوق والواجبات بين جميع المواطنين دون تمايز أو تفضيل.

د– الشعب مصدر السلطات وصاحب السيادة يمارسها عبر المؤسسات الدستورية.

هـ– النظام قائم على مبدأ الفصل بين السلطات وتوازنها وتعاونها.

و– النظام الاقتصادي حر يكفل المبادرة الفردية والملكية الخاصة.

ز– الإنماء المتوازن للمناطق ثقافيا واجتماعيا واقتصاديا ركن أساسي من أركان وحدة الدولة واستقرار النظام.

ح– إلغاء الطائفية السياسية هدف وطني أساسي يقتضي العمل على تحقيقه وفق خطة مرحلية.

ط– أرض لبنان أرض واحدة لكل اللبنانيين. فلكل لبناني الحق في الإقامة على أي جزء منها والتمتع به في

10. 공존하는 헌장에 모순되는 어떠한 권한도 합법성이 없다.

ظل سيادة القانون، فلا فرز للشعب على أساس أي انتماء كان، ولا تجزئة ولا تقسيم ولا توطين.

ي- لا شرعية لأي سلطة تناقض ميثاق العيش المشترك.

제1절

국가와 영토

제1조

(1943년 11월 9일 공포된 헌법에 의거해 개정됨)

레바논은 분리될 수 없는 통합체이고, 완전한 주권을 가진 독립 국가이다. 국경은 현재 정해놓은 것과 같다.

북쪽: 강물이 흐르는 방향을 따라 알나흐르 알카비르 강의 입구로부터 지스르 알까마르 고원에 있는 칼리드 계곡과 알나흐르 알카비르 강이 만나는 지점까지

동쪽: 칼리드 계곡과 바리나 및 마뜨리바 고원에 있는 무아이싸라, 하르바아타, 하이트, 아비시, 핏산 마을을 가로지르는 알아씨(오론테) 강 계곡 사이를 분리하는 정상의 경계선. 이 선은 북동 방향과 남동 방향으로부터 북 바알벡 지역의 국경과 바알벡, 비까으, 아쓰비야, 동 라시야 지역들의 국경선을 따른다.

남쪽: 현재 쑤르와 남 마르자으윤 지역의 국경

الفصل الأول
في الدولة وأراضيها

(المادة ١)

(المعدلة بالقانون الدستوري الصادر في ٩/١١/١٩٤٣)

لبنان دولة مستقلة ذات وحدة لا تتجزأ وسيادة تامة.
أما حدوده فهي التي تحده حاليا.

شمالا: من مصب النهر الكبير على خط يرافق مجرى النهر إلى نقطة اجتماعه بوادي خالد الصاب فيه على علو جسر القمر.

شرقا: خط القمة الفاصل بين وادي خالد ووادي نهر العاصي (اورنت) مارا بقرى معيصرة – حربعاتة– هيت– ابش– فيصان على علو قريتي برينا ومطربا، وهذا الخط تابع حدود قضاء بعلبك الشمالية من الجهة الشمالية الشرقية والجهة الجنوبية الشرقية ثم حدود اقضية بعلبك والبقاع وحاصبيا وراشيا الشرقية.

جنوبا: حدود قضائي صور ومرجعيون الجنوبية

서쪽: 지중해

제2조

레바논 영토의 어떤 부분도 할양하거나 양도될 수 없다.

제3조

행정구역의 경계는 법률에 의거해서만 수정된다.

제4조

대 레바논은 공화국이고 수도는 베이루트이다.

제5조

(1943년 12월 7일 공포된 헌법에 의거해 수정됨)

레바논 국기는 빨간색, 하얀색, 빨간색의 가로줄로 되어

الحالية.

غربا: البحر المتوسط.

(المادة ٢)

لا يجوز التخلي عن أحد أقسام الأراضي اللبنانية أو
التنازل عنه.

(المادة ٣)

لا يجوز تعديل حدود المناطق الإدارية إلا بموجب
قانون.

(المادة ٤)

لبنان الكبير جمهورية عاصمته بيروت.

(المادة ٥)

(المعدلة بالقانون الدستوري الصادر في ١٩٤٣/١٢/٧)
العلم اللبناني أحمر فأبيض فأحمر أقساما أفقية تتوسط

있고, 중앙의 하얀색 부분에는 녹색의 백향목이 있다. 하얀색 부분의 크기는 빨간색 두 부분의 크기와 동일하다. 백향목은 중앙에 위치하고 있고, 꼭대기 부분이 상단의 빨간색 부분에 닿아 있으며 밑면은 하단의 빨간색 부분에 닿아 있다. 백향목의 크기는 하얀색 부분의 3분의 1과 같다.

الارزة القسم الأبيض بلون أخضر أما حجم القسم الأبيض فيساوي حجم القسمين الأحمرين معا. وأما الأرزة فهي في الوسط يلامس رأسها القسم الأحمر العلوي وتلامس قاعدتها القسم الأحمر السفلي ويكون حجم الأرزة موازيا لثلث حجم القسم الأبيض.

제2절
레바논 국민의 권리와 의무

제6조

레바논 국적의 취득 · 유지 · 상실 방식은 법률로 정한다.

제7조

모든 레바논 국민은 법 앞에 평등하고, 시민적 · 정치적 권리를 동등하게 누리며, 그들 사이에 어떠한 차별 없이 책임 및 공적 의무를 부담한다.

제8조

개인의 자유는 법률에 의거하여 보장되고 보호받는다. 법률이 정하는 원칙에 의하지 아니하고는 누구도 체포, 구금, 억류될 수 없다. 법률에 의하지 아니하고는 어떠한 행위도 범죄로 확정될 수 없고, 처벌이 부과될 수 없다.

الفصل الثاني
في اللبنانيين وحقوقهم وواجباتهم

(المادة ٦)

إن الجنسية اللبنانية وطريقة اكتسابها وحفظها وفقدانها
تحدد بمقتضى القانون.

(المادة ٧)

كل اللبنانيين سواء لدى القانون وهم يتمتعون بالسواء
بالحقوق المدنية والسياسية ويتحملون الفرائض
والواجبات العامة دونما فرق بينهم.

(المادة ٨)

الحرية الشخصية مصونة وفي حمى القانون ولا يمكن
أن يقبض على أحد أو يحبس أو يوقف إلا وفاقا
لأحكام القانون ولا يمكن تحديد جرم أو تعيين عقوبة
إلا بمقتضى القانون.

제9조

신앙의 자유는 절대적이고, 지고하신 알라에 대한 경외의 의무를 이행함에 있어 국가는 모든 종교와 법학파[3]를 존중하며, 종교 의례 수행의 자유는 국가의 보호 하에 보장되어야 한다. 다만 이는 공공질서를 저해하지 않아야 한다. 또한 국가는 종교(종파)의 차이에도 불구하고[4] 국민들에게 개인 신상에 관한 법과 종교적 이익을 보장한다.

제10조

교육은 공공질서를 저해하거나, 도덕을 위반하거나, 종교나 법학파에 대한 존엄성에 반하지 아니하는 한 자유이다. 사립학교 설립의 권리는 국가가 공교육을 위해 미리 정해 놓은 일반 요건을 준수한다면 방해받지 않는다.

제11조

(1943년 11월 9일 공포된 헌법에 의거해 개정됨)

(المادة ٩)

حرية الاعتقاد مطلقة والدولة بتأديتها فروض الإجلال
لله تعالى تحترم جميع الأديان والمذاهب وتكفل حرية
إقامة الشعائر الدينية تحت حمايتها على أن لا يكون في
ذلك إخلال في النظام العام وهي تضمن أيضا للأهلين
على اختلاف مللهم احترام نظام الأحوال الشخصية
والمصالح الدينية.

(المادة ١٠)

التعليم حر ما لم يخل بالنظام العام أو ينافي الآداب أو
يتعرض لكرامة أحد الأديان أو المذاهب ولا يمكن
أن تمس حقوق الطوائف من جهة إنشاء مدارسها
الخاصة، على أن تسير في ذلك وفاقا للأنظمة العامة
التي تصدرها الدولة في شأن المعارف العمومية.

(المادة ١١)

(المعدلة بالقانون الدستوري الصادر في ١٩٤٣/١١/٩)

아랍어는 국가의 공식 언어이다. 프랑스어가 사용되어야 하는 경우는 법률에 의거하여 규정한다.

제12조

모든 레바논 국민은 법률이 명시하고 있는 조건에 따른 자격과 능력에 의한 경우를 제외하고는 차별 없이 공직을 맡을 권리가 있다.

각자가 속한 영역에서 공무를 담당할 권리를 보장하는 특별법이 제정되어야 한다.

제13조

말과 글을 통한 의사 표현의 자유, 언론의 자유, 집회 및 결사의 자유는 모두 법률의 범위 내에서 보장된다.

제14조

주거는 불가침이고, 법률에 명시된 조건과 방식에 의하지

اللغة العربية هي اللغة الوطنية الرسمية. أما اللغة الفرنسية فتحدد الأحوال التي تستعمل بها بموجب قانون.

(المادة ١٢)

لكل لبناني الحق في تولي الوظائف العامة لا ميزة لأحد على الآخر إلا من حيث الاستحقاق والجدارة حسب الشروط التي ينص عليها القانون.

وسيوضع نظام خاص يضمن حقوق الموظفين في الدوائر التي ينتمون إليها.

(المادة ١٣)

حرية إبداء الرأي قولا وكتابة وحرية الطباعة وحرية الاجتماع وحرية تأليف الجمعيات كلها مكفولة ضمن دائرة القانون.

(المادة ١٤)

للمنزل حرمة ولا يسوغ لأحد الدخول إليه إلا في

아니하고는 어느 누구도 주거에 침입할 권리가 없다.

제15조

소유권은 법률로 보호되고, 법률에 명시된 공익성이 이유가 있고 그에 대한 공정한 보상이 이루어진 이후가 아니고는 어느 누구의 소유권도 수용되지 아니한다.

الأحوال والطرق المبينة في القانون.

(المادة ١٥)
الملكية في حمى القانون فلا يجوز أن ينزع عن أحد
ملكه إلا لأسباب المنفعة العامة في الأحوال المنصوص
عليها في القانون وبعد تعويضه منه تعويضا عادلا.

제2장
권한

제1절
총칙

제16조

(1927년 10월 17일 공포된 헌법에 의거해 개정됨)

입법권은 하원의회에 부여된다.

제17조

(1990년 9월 21일 공포된 헌법에 의거해 개정됨)

행정권은 각료위원회에 맡겨지고, 각료위원회가 이 헌법 규정에 따라 행정권을 행사한다.

الباب الثاني
السلطات

الفصل الأول
أحكام عامة

(المادة ١٦)

(المعدلة بالقانون الدستوري الصادر في ١٧/١٠/١٩٢٧)

تتولى السلطة المشترعة هيئة واحدة هي مجلس النواب.

(المادة ١٧)

(المعدلة بالقانون الدستوري الصادر في ٢١/٩/١٩٩٠)

تناط السلطة الإجرائية بمجلس الوزراء. وهو يتولاها وفقا لأحكام هذا الدستور.

제18조

(1927년 10월 17일 공포된 헌법과 1990년 9월 21일 공포된 헌법에 의거해 개정됨)

하원의회와 각료위원회에게는 법률 제안권이 있다. 법률은 하원의회가 채택하지 않는 한 공포되지 않는다.

제19조

(1927년 10월 17일 공포된 헌법과 1990년 9월 21일 공포된 헌법에 의거해 개정됨)

헌법위원회는 법률의 합헌성을 심사하고, 대통령 및 의회 선거로 인한 분쟁과 상소에 대하여 결정하기 위하여 설립된다. 법률의 합헌성 심사를 헌법위원회에 요청할 수 있는 권리는 대통령, 하원의회 의장, 총리에게 있고, 개인 신상, 신앙과 종교의식 수행의 자유, 종교 교육의 자유에 관하여 헌법위원회에 요청할 권리는 하원의회 의원들 10인과 법률로 인정된 정파의 수장들에게 있다.

헌법위원회의 조직·기능·구성·신청 방식은 법률로 정

(المادة ١٨)

(المعدلة بالقانون الدستوري الصادر في ١٩٢٧/١٠/١٧ وبالقانون الدستوري الصادر في ١٩٩٠/٩/٢١)

لمجلس النواب ومجلس الوزراء حق اقتراح القوانين. ولا ينشر قانون ما لم يقره مجلس النواب.

(المادة ١٩)

(المعدلة بالقانون الدستوري الصادر في ١٩٢٧/١٠/١٧ وبالقانون الدستوري الصادر في ١٩٩٠/٩/٢١)

ينشأ مجلس دستوري لمراقبة دستورية القوانين والبت في النزاعات والطعون الناشئة عن الانتخابات الرئاسية والنيابية. يعود حق مراجعة هذا المجلس في ما يتعلق بمراقبة دستورية القوانين إلى كل من رئيس الجمهورية ورئيس مجلس النواب ورئيس مجلس الوزراء أو إلى عشرة أعضاء من مجلس النواب، وإلى رؤساء الطوائف المعترف بها قانونا في ما يتعلق حصرًا بالأحوال الشخصية، وحرية المعتقد وممارسة الشعائر الدينية،

한다.

제20조

사법권은 법률에 의한 다양한 심급과 관할 법원에 부여되고,[5] 해당 법률은 법관과 소송 당사자에게 필요한 권리를 보장한다.

사법권의 보장과 한계에 대한 조건은 법률로 정한다. 법관은 직무 수행에 있어 독립적이다. 결정과 판결은 법원에 의하여 공포되며, 레바논 국민의 이름으로 집행된다.

제21조

만 21세에 달하는 모든 레바논 국민은 선거법이 요구하는 요건들을 충족하는 경우에 선거인이 될 권리를 가진다.

وحرية التعليم الديني.

تحدد قواعد تنظيم المجلس أصول العمل فيه وكيفية تشكيله ومراجعته بموجب قانون.

(المادة ٢٠)

السلطة القضائية تتولاها المحاكم على اختلاف درجاتها واختصاصاتها ضمن نظام ينص عليه القانون ويحفظ بموجبه للقضاة والمتقاضين الضمانات اللازمة.

أما شروط الضمانة القضائية وحدودها فيعينها القانون. والقضاة مستقلون في إجراء وظيفتهم وتصدر القرارات والأحكام من قبل كل المحاكم وتنفذ باسم الشعب اللبناني.

(المادة ٢١)

لكل وطني لبناني بلغ من العمر إحدى وعشرين سنة كاملة حق في أن يكون ناخبا على أن تتوفر فيه الشروط المطلوبة بمقتضى قانون الانتخاب.

제2절

입법권

제22조

(1927년 10월 17일 공포된 헌법에 의거해 폐지되었고, 1990년 9월 21일에 공포된 헌법에 의거해 제정됨)

종파가 아닌 국가적 토대 위에 첫 번째 하원의회 선거가 실시되었고, 모든 종교 공동체를 대표하고 최고의 국가적 사안에 한정하여 권한을 가지는 상원의회가 설립되었다.

제23조

(1927년 10월 17일 공포된 헌법에 의거해 폐지됨)

الفصل الثاني
السلطة المشترعة

(المادة ٢٢)

(الملغاة بموجب القانون الدستوري الصادر في ١٩٢٧/١٠/١٧ والمنشأة بموجب القانون الدستوري الصادر في ١٩٩٠/٩/٢١)

مع انتخاب أول مجلس نواب على أساس وطني لا طائفي يستحدث مجلس للشيوخ تتمثل فيه جميع العائلات الروحية وتنحصر صلاحياته في القضايا المصيرية.

(المادة ٢٣)

(ألغيت بموجب القانون الدستوري الصادر في ١٩٢٧/١٠/١٧)

제24조

(1927년 10월 17일 공포된 헌법, 1943년 3월 18일자 129 결의, 1947년 1월 21일 공포된 헌법, 1990년 9월 21일 공포된 헌법에 의거해 개정됨)

하원의회는 선출된 대표자들로 구성되고, 그 의원 수와 선출 방식은 유효하게 시행되고 있는 선거법에 의하여 결정된다.[6]

하원의회가 종파적 제한을 벗어난 선거법을 제정할 때까지는 다음 규칙에 따라 의석이 분배된다.

1. 그리스도교도와 이슬람교도(무슬림)는 동등하게

2. 두 집단(종교)의 모든 종파들은 비율대로

3. 지역들은 비율대로

예외적으로 이 헌법 공포일에 공석이 된 의석과 선거법에 의해 만들어진 의석은 민족 화합 정부의 3분의 2 다수결로 한 번에 임명하여 충원하며, 그리스도교도와 이슬람교도 간의 비율은 민족 화합 헌장에 따라 동등하게 적용한다. 이 조항의 적용을 위한 구체적인 내용은 선거법으로

(المادة ٢٤)

(المعدلة بالقانون الدستوري الصادر في ١٩٢٧/١٠/١٧ وبالقرار ١٢٩ ١٩٤٣/٣/١٨ وبالقانون الدستوري الصادر في ١٩٤٧/١/٢١ وبالقانون الدستوري الصادر في ١٩٩٠/٩/٢١)

يتألف مجلس النواب من نواب منتخبين يكون عددهم وكيفية انتخابهم وفاقًا لقوانين الانتخاب المرعية الإجراء.

وإلى أن يضع مجلس النواب قانون انتخاب خارج القيد الطائفي، توزع المقاعد النيابية وفقا للقواعد الآتية:

أ – بالتساوي بين المسيحيين والمسلمين.

ب – نسبيا بين طوائف كل من الفئتين.

ج – نسبيا بين المناطق.

وبصورة استثنائية، ولو لمرة واحدة، تملأ بالتعيين دفعة واحدة وبأكثرية الثلثين من قبل حكومة الوفاق الوطني، المقاعد النيابية الشاغرة بتاريخ نشر هذا القانون والمقاعد التي تستحدث في قانون الانتخاب،

정한다.

제25조

(1947년 1월 21일 공포된 헌법에 의거해 개정됨)

하원의회가 해산되면 해산 결정은 새로운 선거 시행에 대한 요청을 포함해야 하고, 이 선거는 3개월 이내에 제24조에 따라 시행되어야 한다.

تطبيقا للتساوي بين المسيحيين والمسلمين، وفقا لوثيقة الوفاق الوطني. ويحدد قانون الانتخاب دقائق تطبيق هذه المادة.

(المادة ٢٥)

(المعدلة بالقانون الدستوري الصادر في ٢١/١/١٩٤٧)
إذا حل مجلس النواب وجب أن يشتمل قرار الحل على دعوة لإجراء انتخابات جديدة وهذه الانتخابات تجري وفقا للمادة ٢٤ وتنتهي في مدة لا تتجاوز الثلاثة أشهر.

제3절

총칙

제26조

(1927년 10월 17일 공포된 헌법에 의거해 개정됨)

베이루트는 정부와 하원의회의 본부이다.

제27조

(1927년 10월 17일 공포된 헌법과 1947년 1월 21일 공포된 헌법에 의거해 개정됨)

하원의회 의원은 움마(국가) 전체를 대표한다. 유권자들은 그 위임에 있어 어떠한 제한이나 조건을 부과할 수 없다.

제28조

(1927년 10월 17일 공포된 헌법과 1947년 1월 21일 공포된 헌법에 의거해 개정됨)

الفصل الثالث
أحكام عامة

(المادة ٢٦)

(المعدلة بالقانون الدستوري الصادر في ١٩٢٧/١٠/١٧)
بيروت مركز الحكومة ومجلس النواب.

(المادة ٢٧)

(المعدلة بالقانون الدستوري الصادر في ١٩٢٧/١٠/١٧
وبالقانون الدستوري الصادر في ١٩٤٧/١/٢١)
عضو مجلس النواب يمثل الأمة جمعاء ولا يجوز أن
تربط وكالته بقيد أو شرط من قبل منتخبيه.

(المادة ٢٨)

(المعدلة بالقانون الدستوري الصادر في ١٩٢٧/١٠/١٧
وبالقانون الدستوري الصادر في ١٩٤٧/١/٢١)

의원직과 장관직의 겸직은 허용된다. 장관은 하원의회 의원 중에서 또는 외부 인사 중에서 또는 양측 모두에서 선정할 수 있다.

제29조
(1927년 10월 17일 공포된 헌법에 의거해 개정됨)
의원직 자격을 상실하는 경우는 법률로 정한다.

제30조
(1927년 10월 17일 공포된 헌법, 1943년 3월 18일자 129 결의, 1947년 1월 21일 공포된 헌법, 1990년 9월 21일 공포된 헌법에 의거해 개정됨)
의원들만이 대표권 위임의 정당성을 결정할 권리를 가지고, 어느 의원에 대한 대표권 위임은 전체 의원 3분의 2 다수결에 의하는 것을 제외하고는 무효화될 수 없다.

يجوز الجمع بين النيابة ووظيفة الوزارة. أما الوزراء فيجوز انتقاؤهم من أعضاء المجلس النيابي أو من أشخاص خارجين عنه أو من كليهما.

(المادة ٢٩)

(المعدلة بالقانون الدستوري الصادر في /١٠/١٧ ١٩٢٧)

إن الأحوال التي تفقد معها الأهلية للنيابة يعينها القانون.

(المادة ٣٠)

(المعدلة بالقانون الدستوري الصادر في ١٠/١٧/١٩٢٧ وبالقرار ١٢٩ تاريخ ١٨/٣/١٩٤٣ وبالقانون الدستوري الصادر في ٢١/١/١٩٤٧ وبالقانون الدستوري الصادر في ٢١/٩/١٩٩٠)

للنواب وحدهم الحق بالفصل في صحة نيابتهم ولا يجوز إبطال انتخاب نائب ما إلا بغالبية الثلثين من

본 조항은 헌법위원회가 설립되고 헌법위원회 관련 법이 시행되는 즉시 법적으로 폐기된다.

제31조
(1927년 10월 17일 공포된 헌법에 의거해 개정됨)
합법적 일정 이외에 개최된 모든 의회 회의는 법적으로 무효이고 법률 위반에 해당한다.

제32조
(1927년 10월 17일 공포된 헌법에 의거해 개정됨)
의회는 매년 두 번의 정기회를 개최한다. 첫 번째 회기는 3월 15일 직후 화요일에 시작되고 5월 말까지 지속된다. 두 번째 회기는 10월 15일 직후 화요일에 시작되고 연말까지 지속되며, 회기는 기타 업무에 앞서 예산안에 대한 심사와 표결에 전념한다.

مجموع الأعضاء.

تلغى هذه المادة حكما فور إنشاء المجلس الدستوري
ووضع القانون المتعلق به موضع التنفيذ.

(المادة ٣١)

(المعدلة بالقانون الدستوري الصادر في /١٠/١٧
١٩٢٧)

كل اجتماع يعقده المجلس في غير المواعيد القانونية
يعد باطلا حكما ومخالفا للقانون.

(المادة ٣٢)

(المعدلة بالقانون الدستوري الصادر في
(١٧/١٠/١٩٢٧)

يجتمع المجلس في كل سنة في عقدين عاديين فالعقد
الأول يبتدئ يوم الثلاثاء الذي يلي الخامس عشر من
شهر آذار وتتوالى جلساته حتى نهاية شهر أيار والعقد
الثاني يبتدئ يوم الثلاثاء الذي يلي الخامس عشر من

제33조

(1927년 10월 17일 공포된 헌법과 1990년 9월 21일 공포된 헌법에 의거해 개정됨)

정기회는 제32조에 명시된 대로 개최되고 종료된다. 대통령은 총리와의 협의에 따라 하원의회 임시회의 개최, 종료, 의안을 정하는 칙령에 의하여 임시회를 소집할 수 있다. 대통령은 의원 과반수가 요청하면 임시회를 소집해야만 한다.

제34조

(1927년 10월 17일 공포된 헌법에 의거해 개정됨)

شهر تشرين الأول وتخصص جلساته بالبحث في الموازنة والتصويت عليها قبل كل عمل آخر وتدوم مدة هذا العقد إلى آخر السنة.

(المادة ٣٣)

(المعدلة بالقانون الدستوري الصادر في ٧١/١٠/١٩٢٧ وبالقانون الدستوري الصادر في ٢١/٩/١٩٩٠)

إن افتتاح العقود العادية واختتامها يجريان حكما في المواعيد المبينة في المادة الثانية والثلاثين. ولرئيس الجمهورية بالاتفاق مع رئيس الحكومة أن يدعو مجلس النواب إلى عقود استثنائية بمرسوم يحدد افتتاحها واختتامها وبرنامجها. وعلى رئيس الجمهورية دعوة المجلس إلى عقود استثنائية إذا طلبت ذلك الأكثرية المطلقة من مجموع أعضائه.

(المادة ٣٤)

(المعدلة بالقانون الدستوري الصادر في /١٠/١٧

의회 회기는 재적 의원 다수가 출석해야 합법적으로 개회되고, 결의는 표결 의원 다수결로 채택되며, 가부동수일 경우 심의하던 안건은 부결된다.

제35조

(1927년 10월 17일 공포된 헌법에 의거해 개정됨)

하원의회의 회기는 공개한다. 다만 정부 또는 의원 5인의 요청이 있는 경우 회기는 비공개로 소집될 수 있고, 동일한 주제에 대해서는 공개 회의에서 재토의를 결정할 수 있다.

제36조

표결은 선거의 경우를 제외하고 구두, 기립, 착석의 방식으로 하고, 의사 표명은 비밀 투표의 방식으로 이루어진다. 일반적인 법률이나 신임 투표와 관련된 경우의 의사

(۱۹۲۷)

لا يكون اجتماع المجلس قانونيا ما لم تحضره الأكثرية من الأعضاء الذين يؤلفونه وتتخذ القرارات بغالبية الأصوات. وإذا تعادلت الأصوات سقط المشروع المطروح للمناقشة.

(المادة ۳٥)

(المعدلة بالقانون الدستوري الصادر في ۱۷/۱۰/ (۱۹۲۷)

جلسات المجلس علنية على أن له أن يجتمع في جلسة سرية بناء على طلب الحكومة أو خمسة من أعضائه وله أن يقرر إعادة المناقشة في جلسة علنية في المبحث نفسه.

(المادة ۳٦)

تعطى الآراء بالتصويت الشفوي أو بطريقة القيام والجلوس إلا في الحالة التي يراد فيها الانتخاب فتعطى الآراء بطريقة الاقتراع السري. أما فيما يختص بالقوانين

표명은 지명 투표의 방식으로 이루어진다.

제37조

(1927년 10월 17일 공포된 헌법과 1929년 5월 8일 공포된 헌법에 의거해 개정됨)

정기회나 임시회에서 모든 의원의 불신임 요청권은 절대적이며, 불신임 요청서를 의회사무처에 제출하고 해당 장관들에게 통보한 날로부터 최소 5일이 경과한 이후가 아니고는 이 요청에 대한 토의를 할 수 없다.

제38조

(1927년 10월 17일 공포된 헌법에 의거해 개정됨)

의회에서 부결된 법률안은 동일한 회기에 다시 제출될 수 없다.

عموما أو بالاقتراع على مسألة الثقة فان الآراء تعطى دائما بالمناداة على الأعضاء بأسمائهم وبصوت عال.

(المادة ٣٧)

(المعدلة بالقانون الدستوري الصادر في ١٧/١٠/١٩٢٧ وبالقانون الدستوري الصادر في ٨/٥/١٩٢٩)
حق طلب عدم الثقة مطلق لكل نائب في العقود العادية وفي العقود الاستثنائية ولا تجري المناقشة في هذا الطلب ولا يقترع عليه إلا بعد انقضاء خمسة أيام على الأقل من تاريخ إيداعه أمام عمدة المجلس وإبلاغه الوزير والوزراء المقصودين بذلك.

(المادة ٣٨)

(المعدلة بالقانون الدستوري الصادر في /١٧/١٠/ ١٩٢٧)
كل اقتراح قانون لم ينل موافقة المجلس لا يمكن أن يطرح ثانية للبحث في العقد نفسه.

제39조

(1927년 10월 17일 공포된 헌법에 의거해 개정됨)

의원은 임기 동안 자신이 표명한 의견과 사상을 이유로 기소되지 아니한다.

제40조

(1927년 10월 17일 공포된 헌법에 의거해 개정됨)

의원은 현행범으로 체포되지 아니하는 한 범죄를 저질렀다 하더라도 회기 동안에는 의회의 동의 없이 기소되거나 체포되지 아니한다.

제41조

(1927년 10월 17일 공포된 헌법, 1943년 3월 18일자 129 결의, 1947년 1월 21일 공포된 헌법에 의거해 개정됨)

(المادة ٣٩)

(المعدلة بالقانون الدستوري الصادر في ١٧/١٠/ ١٩٢٧)

لا تجوز إقامة دعوى جزائية على أي عضو من أعضاء المجلس بسبب الآراء والأفكار التي يبديها مدة نيابته.

(المادة ٤٠)

(المعدلة بالقانون الدستوري الصادر في ١٧/١٠/ ١٩٢٧)

لا يجوز أثناء دور الانعقاد اتخاذ إجراءات جزائية نحو أي عضو من أعضاء المجلس أو إلقاء القبض عليه إذا اقترف جرما جزائيا إلا بإذن المجلس ما خلا حالة التلبس بالجريمة الجرم المشهود.

(المادة ٤١)

(المعدلة بالقانون الدستوري الصادر في ١٧/١٠/١٩٢٧ وبالقرار ١٢٩ تاريخ ١٨/٣/١٩٤٣ وبالقانون

의회 의석이 공석이 되면 2개월 이내에 후임자 선출이 이루어져야 한다. 새로운 의원은 공석이 된 이전 의원의 임기를 초과할 수 없다.

의원 임기가 6개월보다 적게 남은 상태에서 공석이 되면 후임자 선출은 이루어지지 아니한다.

제42조

(1927년 10월 17일 공포된 헌법, 1943년 3월 18일자 129 결의, 1947년 1월 21일 공포된 헌법에 의거해 개정됨)

의회 갱신을 위한 의회 총선거는 의회 임기 만료 전 60일 이내에 이루어져야 한다.

제43조

(1927년 10월 17일 공포된 헌법에 의거해 개정됨)

의회는 내규를 제정할 수 있다.

الدستوري الصادر في ١٩٤٧/١/٢١)

إذا خلا مقعد في المجلس يجب الشروع في انتخاب الخلف في خلال شهرين. ولا تتجاوز نيابة العضو الجديد أجل نيابة العضو القديم الذي يحل محله.

أما إذا خلا المقعد في المجلس قبل انتهاء عهد نيابته بأقل من ستة أشهر فلا يعمد إلى انتخاب خلف.

(المادة ٤٢)

(المعدلة بالقانون الدستوري الصادر في ١٩٢٧/١٠/١٧ وبالقرار ١٢٩ تاريخ ١٩٤٣/٣/١٨ وبالقانون الدستوري الصادر في ١٩٤٧/١/٢١)

تجري الانتخابات العامة لتجديد هيئة المجلس في خلال الستين يوما السابقة لانتهاء مدة النيابة.

(المادة ٤٣)

(المعدلة بالقانون الدستوري الصادر في ١٩٢٧/١٠/١٧)

제44조

(1927년 10월 17일 공포된 헌법, 1947년 1월 21일 공포된 헌법, 1990년 9월 21일 공포된 헌법에 의거해 개정됨)

새 의회가 선출될 때 의원 중 가장 연장자가 회의를 주재하고, 두 명의 최연소 의원이 서기를 맡는다. 의회 임기 동안의 의장과 부의장은 별도로 선출되고, 비밀 투표와 표결 과반수의 찬성으로 선출한다. 세 번째 표결에서는 비례적 다수결로 결정하고, 표결이 동수일 경우에는 가장 연장자가 선출된 것으로 간주한다.

의회 내에서 선출이 이루어지는 모든 경우와 매년 10월 회기가 개최될 때에 의회는 본 조항 제1항에 명시된 다수결 방식에 따른 비밀 투표로 두 명의 서기를 선출한다.

의회는 의장과 부의장을 선출한 뒤 2년 후에 열리는 첫 번째 회기에서, 최소 10인 이상의 의원들이 서명한 청원서에 따라 재적 의원 3분의 2 이상이 찬성함으로써 의장과 부의

للمجلس أن يضع نظامه الداخلي.

(المادة ٤٤)

(المعدلة بالقانون الدستوري الصادر في ١٩٢٧/١٠/١٧
وبالقانون الدستوري الصادر في ١٩٤٧/١/٢١
وبالقانون الدستوري الصادر في ١٩٩٠/٩/٢١)
في كل مرة يجدد المجلس انتخابه يجتمع برئاسة أكبر
أعضائه سنا ويقوم العضوان الأصغر سنا بينهم بوظيفة
أمين. ويعمد إلى انتخاب الرئيس ونائب الرئيس لمدة
ولاية المجلس كل منهما على حدة بالاقتراع السري
وبالغالبية المطلقة من أصوات المقترعين. وتبنى النتيجة
في دورة اقتراع ثالثة على الغالبية النسبية، وإذا تساوت
الأصوات فالأكبر سنا يعد منتخبا.
وفي كل مرة يجدد المجلس انتخابه، وعند افتتاح عقد
تشرين الأول من كل عام، يعمد المجلس إلى انتخاب
أمينين بالاقتراع السري وفقا للغالبية المنصوص عنها
في الفقرة الأولى من هذه المادة.

장에 대한 신임을 철회할 수 있는 권리를 한 차례 가진다.
이 경우 의회는 공석을 충원하기 위한 회의를 즉시 개최하
여야 한다.

제45조

(1927년 10월 17일 공포된 헌법에 의거해 개정됨)
회기에 출석하기 않은 의원에게는 투표권이 없고 대리 투
표는 허용되지 아니한다.

제46조

(1927년 10월 17일 공포된 헌법에 의거해 개정됨)
의회는 의장을 통하여 의회 내부의 질서를 유지할 권리를
갖는다.

للمجلس ولمرة واحدة، بعد عامين من انتخاب رئيسه ونائب رئيسه وفي أول جلسة يعقدها أن ينزع الثقة من رئيسه أو نائبه بأكثرية الثلثين من مجموع أعضائه بناء على عريضة يوقعها عشرة نواب على الأقل. وعلى المجلس، في هذه الحالة، أن يعقد على الفور جلسة لملء المركز الشاغر.

(المادة ٤٥)

(المعدلة بالقانون الدستوري الصادر في ١٧/١٠/ ١٩٢٧)

ليس لأعضاء المجلس حق الاقتراع ما لم يكونوا حاضرين في الجلسة ولا يجوز التصويت وكالة.

(المادة ٤٦)

(المعدلة بالقانون الدستوري الصادر في ١٧/١٠/ ١٩٢٧)

للمجلس دون سواه أن يحفظ النظام في داخله بواسطة

제47조

(1927년 10월 17일 공포된 헌법에 의거해 개정됨)

의회에 제출되는 청원서는 서면으로만 가능하고, 구두나 변론의 방식으로는 허용되지 아니한다.

제48조

(1927년 10월 17일 공포된 헌법에 의거해 개정됨)

의원의 보수는 법률로 정한다.

رئيسه.

(المادة ٤٧)

(المعدلة بالقانون الدستوري الصادر في /١٠/ ١٧
(١٩٢٧

لا يجوز تقديم العرائض إلى المجلس إلا خطا ولا يجوز
تقديم العرائض بصورة شفوية أو دفاعية.

(المادة ٤٨)

(المعدلة بالقانون الدستوري الصادر في /١٠/ ١٧
(١٩٢٧

التعويضات التي يتناولها أعضاء المجلس تحدد بقانون.

첫째: 대통령

(2004년 9월 4일자 개정)

제49조

(1927년 10월 17일 공포된 헌법, 1929년 5월 8일 공포된 헌법, 1947년 1월 21일 공포된 헌법, 1990년 9월 21일 공포된 헌법에 의거해 개정됨)

대통령은[7] 국가의 수반이고 국가 통합의 상징이다. 대통령은 헌법 규정에 따라 헌법을 준수하고 레바논의 독립, 통합, 영토의 안전을 보장해야 한다. 대통령은 내각위원회의 권한에 예속된 군 최고사령관으로서 최고방위위원회를 주재한다.

대통령은 하원의회 첫 회기 중 의회 의원 3분의 2 다수의 비밀 투표로써 선출한다. 이어지는 투표에서는 절대 다수

الفصل الرابع
السلطة الجرائية

أولًا : رئيس الجمهورية
(تعديل المادة بتاريخ ٢٠٠٤/٩/٤)

(المادة ٤٩)

(المعدلة بالقانون الدستوري الصادر في ١٩٢٧/١٠/١٧
وبالقانون الدستوري الصادر في ١٩٢٩/٥/٨
وبالقانون الدستوري الصادر في ١٩٤٧/١/٢١
وبالقانون الدستوري الصادر في ١٩٩٠/٩/٢١)
رئيس الجمهورية هو رئيس الدولة ورمز وحدة الوطن.
يسهر على احترام الدستور والمحافظة على استقلال
لبنان ووحدته وسلامة أراضيه وفقا لأحكام الدستور.
يرأس المجلس الأعلى للدفاع وهو القائد الأعلى للقوات
المسلحة التي تخضع لسلطة مجلس الوزراء.
ينتخب رئيس الجمهورية بالاقتراع السري بغالبية

를 충족해야 한다. 대통령의 임기는 6년이고, 6년의 임기 종료 후 6년이 지난 후에 재선이 가능하다. 어느 누구라도 하원의회의 의원이 될 조건을 충족하지 못하거나 후보자의 자격이 제한되는 경우 대통령에 선출될 수 없다.

또한 판사, 1급 공무원과 모든 공공기관 및 단체 그리고 기타 공적 법인에서 이에 준하는 범주에 있는 자는 재직하는 동안, 사직·정직·퇴직 후 2년 동안 대통령으로 선출될 수 없다.

제50조

대통령은 취임 시에 의회 앞에서 다음과 같이 움마(국가)와 헌법에 충성할 것을 맹세해야 한다: "나는 레바논 움마의 헌법과 법률을 준수하고, 레바논의 독립과 영토의 안전

الثلثين من مجلس النواب في الدورة الأولى، ويكتفي بالغالبية المطلقة في دورات الاقتراع التي تلي. وتدوم رئاسته ست سنوات ولا تجوز إعادة انتخابه إلا بعد ست سنوات لانتهاء ولايته ولا يجوز انتخاب أحد لرئاسة الجمهورية ما لم يكن حائزا على الشروط التي تؤهله للنيابة وغير المانعة لأهلية الترشيح.

كما أنه لا يجوز انتخاب القضاة وموظفي الفئة الأولى، وما يعادلها في جميع الإدارات العامة والمؤسسات العامة وسائر الأشخاص المعنويين في القانون العما، مدة قيامهم بوظيفتهم وخلال السنتين اللتين تليان تاريخ استقالتهم وانقطاعهم فعليا عن وظيفتهم أو تاريخ إحالتهم على التقاعد.

(المادة ٥٠)

عندما يقبض رئيس الجمهورية على أزمة الحكم عليه أن يحلف أمام البرلمان يمين الإخلاص للأمة والدستور بالنص التالي: '' أحلف بالله العظيم إني احترم دستور

을 수호할 것을 위대하신 알라께 맹세합니다."

제51조

(1927년 10월 17일 공포된 헌법과 1990년 9월 21일 공포된
헌법에 의거해 개정됨)

대통령은 의회의 동의 이후 헌법에 규정된 기간에 따라 법
률을 공포하고 이의 게재를 요청할 수 있다. 그러나 대통
령은 법률을 개정하거나 누군가를 법률 규정의 구속에서
면제할 수 없다.

제52조

(1927년 10월 17일 공포된 헌법, 1943년 11월 9일 공포된
헌법, 1990년 9월 21일 공포된 헌법에 의거해 개정됨)

대통령은 총리와 협의하여 국제 조약을 체결하고 비준하
기 위한 협상을 진행한다. 비준은 각료위원회의 동의가 있
어야 한다. 정부는 국익과 국가의 안전을 위한 조약을 의

الأمة اللبنانية وقوانينها وأحفظ استقلال الوطن اللبناني
وسلامة أراضيه".

(المادة ٥١)

(المعدلة بالقانون الدستوري الصادر في ٢٧ ١٩/١٠/١٧
وبالقانون الدستوري الصادر في ٢١/٩/١٩٩٠)
يصدر رئيس الجمهورية القوانين وفق المهل المحددة في
الدستور بعد أن يكون وافق عليها المجلس، ويطلب
نشرها، وليس له أن يدخل تعديلا عليها أو أن يعفي
أحدا من التقيد بأحكامها.

(المادة ٥٢)

(المعدلة بالقانون الدستوري الصادر في ٢٧ ١٩/١٠/١٧
وبالقانون الدستوري الصادر في ٩/١١/١٩٤٣
وبالقانون الدستوري الصادر في ٢١/٩/١٩٩٠)
يتولى رئيس الجمهورية المفاوضة في عقد المعاهدات
الدولية وإبرامها بالاتفاق مع رئيس الحكومة. ولا

회에 즉시 제출해야 한다. 국가 재정과 관련된 규정을 포함하는 조약, 무역 협정, 연간 기준으로 무효가 되지 아니하는 조약의 비준은 하원의회의 동의가 있어야 한다.

제53조

(1927년 10월 17일 공포된 헌법, 1947년 1월 21일 공포된 헌법, 1990년 9월 21일 공포된 헌법에 의거해 개정됨)

1. 대통령은 원하는 경우 각료위원회를 주재할 수 있지만, 표결에 참여할 수는 없다.

2. 대통령은 의회와의 의무적 협의에 관하여 하원의회 의장과 협의하는 업무를 담당하는 총리를 임명하고, 총리는 그 결과를 대통령에게 공식적으로 보고한다.

3. 대통령은 총리를 임명하는 칙령을 단독으로 공포한다.

4. 대통령은 총리의 동의를 얻어 정부 구성 칙령, 장관 사

تصبح مبرمة إلا بعد موافقة مجلس الوزراء. وتطلع الحكومة مجلس النواب عليها حينما تمكنها من ذلك مصلحة البلاد وسلامة الدولة. أما المعاهدات التي تنطوي على شروط تتعلق بمالية الدولة والمعاهدات التجارية وسائر المعاهدات التي لا يجوز فسخها سنة فسنة، فلا يمكن إبرامها إلا بعد موافقة مجلس النواب.

(المادة ٥٣)

(المعدلة بالقانون الدستوري الصادر في ١٧/١٠/١٩٢٧ وبالقانون الدستوري الصادر في ٢١/١/١٩٤٧ وبالقانون الدستوري الصادر في ٢١/٩/١٩٩٠)

١- يترأس رئيس الجمهورية مجلس الوزراء عندما يشاء دون أن يشارك في التصويت.

٢- يسمي رئيس الجمهورية رئيس الحكومة المكلف بالتشاور مع رئيس مجلس النواب استنادا إلى استشارات نيابية ملزمة يطلعه رسميا على نتائجها.

٣- يصدر مرسوم تسمية رئيس مجلس الوزراء منفردا.

임이나 해임을 수락하는 칙령을 공포한다.

5. 대통령은 정부의 사퇴를 수락하는 칙령이나 정부 사퇴로 간주하는 칙령을 단독으로 공포한다.

6. 대통령은 각료위원회에서 제출한 법안을 하원의회로 이송한다.

7. 대통령은 대사들에게 신임장을 제정받고 제정한다.

8. 대통령은 공식 행사를 주재하고 칙령으로 국가 훈장을 수여한다.

9. 대통령은 칙령으로 특별사면을 하고, 법률에 의해서만 일반사면을 한다.

10. 대통령은 필요한 경우 하원의회에 서한을 보낸다.

11. 대통령은 의제에서 벗어난 긴급 사안들을 각료위원회에 제출할 수 있다.

12. 대통령은 총리의 동의를 얻어 필요하다고 판단할 때 각료위원회 임시회를 소집한다.

٤ – يصدر بالاتفاق مع رئيس مجلس الوزراء مرسوم تشكيل الحكومة ومراسيم قبول استقالة الوزراء أو إقالتهم.

٥ – يصدر منفردا المراسيم بقبول استقالة الحكومة أو اعتبارها مستقيلة.

٦ – يحيل مشاريع القوانين التي ترفع إليه من مجلس الوزراء إلى مجلس النواب.

٧ – يعتمد السفراء ويقبل اعتمادهم.

٨ – يرئس الحفلات الرسمية ويمنح أوسمة الدولة بمرسوم.

٩ – يمنح العفو الخاص بمرسوم. أما العفو الشامل فلا يمنح إلا بقانون.

١٠ – يوجه عندما تقتضي الضرورة رسائل إلى مجلس النواب.

١١ – يعرض أي أمر من الأمور الطارئة على مجلس الوزراء من خارج جدول الأعمال.

١٢ – يدعو مجلس الوزراء استثنائيا كلما رأى ذلك

제54조

(1990년 9월 21일 공포된 헌법에 의거해 개정됨)

대통령의 결정에는 대통령, 총리, 해당 장관들이 부서해야만 한다. 다만 총리 지명의 칙령, 정부의 사퇴 수락이나 사퇴 간주 칙령은 예외이다.

법률 공포 칙령은 총리가 부서해야만 한다.

제55조

(1927년 10월 17일 공포된 헌법, 1929년 5월 8일 공포된 헌법, 1990년 9월 21일 공포된 헌법에 의거해 개정됨)

이 헌법 제65조와 제77조에 명시된 상황이 발생하는 경우, 대통령은 임기 만료 전인 하원의회의 해산을 각료위원회에 요청할 수 있다. 그에 따라 각료위원회가 하원의회의

ضروريا بالاتفاق مع رئيس الحكومة.

(المادة ٥٤)

(المعدلة بالقانون الدستوري الصادر في ١٩٩٠/٩/٢١)
مقررات رئيس الجمهورية يجب أن يشترك معه في
التوقيع عليها رئيس الحكومة والوزير أو الوزراء
المختصون ما خلا مرسوم تسمية رئيس الحكومة
ومرسوم قبول استقالة الحكومة أو اعتبارها مستقيلة.
أما مرسوم إصدار القوانين فيشترك معه في التوقيع عليه
رئيس الحكومة.

(المادة ٥٥)

(المعدلة بالقانون الدستوري الصادر في ١٩٢٧/١٠/١٧
وبالقانون الدستوري الصادر في ١٩٢٩/٥/٨
وبالقانون الدستوري الصادر في ١٩٩٠/٩/٢١)
يعود لرئيس الجمهورية، في الحالات المنصوص عنها
في المادتين ٦٥ و٧٧ من هذا الدستور، الطلب إلى

해산을 결정하면 대통령은 해산 칙령을 공포한다. 이 경우 헌법 제25조 규정에 따라 선거위원회가 소집되고, 당선 공지 후 15일 이내에 새 의회가 소집된다.

의회 사무처는 새 의회가 선출될 때까지 업무를 계속 수행한다.

헌법 제25조에 명시된 기간 내에 선거가 실시되지 않을 경우, 해산 칙령은 소급하여 무효로 간주되고, 하원의회는 헌법에 따라 자신의 권한을 계속 행사한다.

제56조

(1927년 10월 17일 공포된 헌법과 1990년 9월 21일 공포된 헌법에 의거해 개정됨)

مجلس الوزراء حل مجلس النواب قبل انتهاء عهد النيابة. فإذا قرر مجلس الوزراء، بناء على ذلك، حل المجلس، يصدر رئيس الجمهورية مرسوم الحل، وفي هذه الحال تجتمع الهيئات الانتخابية وفقا لأحكام المادة الخامسة والعشرين من الدستور ويدعى المجلس الجديد للاجتماع في خلال الأيام الخمسة عشر التي تلي إعلان الانتخاب.

تستمر هيئة مكتب المجلس في تصريف الأعمال حتى انتخاب مجلس جديد.

وفي حال عدم إجراء الانتخابات ضمن المهلة المنصوص عنها في المادة الخامسة والعشرين من الدستور يعتبر مرسوم الحل باطلا وكأنه لم يكن ويستمر مجلس النواب في ممارسة سلطاته وفقا لأحكام الدستور.

(المادة ٥٦)

(المعدلة بالقانون الدستوري الصادر في ١٧/١٠/١٩٢٧ وبالقانون الدستوري الصادر في ٢١/٩/١٩٩٠)

대통령은 최종적으로 동의가 이루어진 법률이 정부에 이송된 후 1개월 이내에 그 법률을 공포하고, 이의 게재를 요청한다. 의회가 긴급 공포하기로 결정한 법률은 5일 이내에 공포하고, 이의 게재를 요청하여야 한다.

대통령은 칙령을 공포하고 이의 게재를 요청한다. 대통령은 각료위원회의 어떠한 결정이 대통령에게 접수된 날로부터 15일 이내에 그 결정의 재심의를 요청할 수 있다. 각료위원회가 채택한 결정을 고수하거나 또는 칙령의 공포나 재심의 요청 없이 기간이 종료된 경우, 그 결정과 칙령은 실질적으로 효력이 있는 것으로 간주되고 게재되어야 한다.

제57조

(1927년 10월 17일 공포된 헌법과 1990년 9월 21일 공포된 헌법에 의거해 개정됨)

대통령에게는 각료위원회에 통지한 이후 정해진 공포 기

يصدر رئيس الجمهورية القوانين التي تمت عليها الموافقة النهائية في خلال شهر بعد إحالتها إلى الحكومة ويطلب نشرها. أما القوانين التي يتخذ المجلس قرارا بوجوب استعجال إصدارها، فيجب عليه أن يصدرها في خلال خمسة أيام ويطلب نشرها.

وهو يصدر المراسيم وطلب نشرها، وله حق الطلب إلى مجلس الوزراء إعادة النظر في أي قرار من القرارات التي يتخذها المجلس خلال خمسة عشر يوما من تاريخ إيداعه رئاسة الجمهورية. وإذا أصر مجلس الوزراء على القرار المتخذ أو انقضت المهلة دون إصدار المرسوم أو إعادته يعتبر القرار أو المرسوم نافذا حكما ووجب نشره.

(المادة ٥٧)

(المعدلة بالقانون الدستوري الصادر في ١٩٢٧/١٠/١٧ وبالقانون الدستوري الصادر في ١٩٩٠/٩/٢١)

لرئيس الجمهورية بعد إطلاع مجلس الوزراء حق طلب

간 동안 1회에 한하여 법률의 재심의를 요청할 권리가 있고, 각료위원회는 대통령의 요청을 거부할 수 없다. 대통령이 이 권리를 행사하게 되면, 의회가 이 사안에 관하여 또 다른 논의를 마치고 법적으로 의회를 구성하는 구성원들 절대 다수가 찬성함으로써 해당 법률에 동의할 때까지 법률 공포는 이루어지지 아니한다.

법률의 공포나 재심의 요청 없이 기간이 종료된 경우, 법률은 실질적으로 효력이 있는 것으로 간주되고 이 사실은 게재되어야 한다.

제58조

(1927년 10월 17일 공포된 헌법과 1990년 9월 21일 공포된 헌법에 의거해 개정됨)

정부가 각료위원회의 동의를 받아 긴급하다고 결정하고 이송 칙령에서 그와 같은 긴급성을 적시한 모든 법안은, 의회로 제출된 뒤 40일이 지나고 이를 일반회기 업무에 포함시켜 이에 대한 열람이 있은 이후에도 아무런 조치 없이

إعادة النظر في القانون مرة واحدة ضمن المهلة المحددة لإصداره ولا يجوز أن يرفض طلبه. وعندما يستعمل الرئيس حقه هذا يصبح في حل من إصدار القانون إلى أن يوافق عليه المجلس بعد مناقشة أخرى في شأنه، وإقراره بالغالبية المطلقة من مجموع الأعضاء الذين يؤلفون المجلس قانونا.

وفي حال انقضاء المهلة دون إصدار القانون أو إعادته يعتبر القانون نافذ حكما ووجب نشره.

(المادة ٥٨)

(المعدلة بالقانون الدستوري الصادر في ١٩٢٧/١٠/١٧ وبالقانون الدستوري الصادر في ١٩٩٠/٩/٢١)

كل مشروع قانون تقرر الحكومة كونه مستعجلا بموافقة مجلس الوزراء مشيرة إلى ذلك في مرسوم الإحالة يمكن لرئيس الجمهورية بعد مضي أربعين يوما من طرحه على المجلس، وبعد إدراجه في جدول

기간이 만료된 경우, 대통령은 각료위원회의 동의를 받아 이 법안을 즉시 시행하는 칙령을 공포할 수 있다.

제59조

(1927년 10월 17일 공포된 헌법에 의거해 개정됨)

대통령은 1개월을 초과하지 않는 기간 동안 의회를 연기할 수 있지만, 동일한 회기에 두 번 연기할 수는 없다.

제60조

(1947년 1월 21일 공포된 헌법에 의거해 개정됨)

대통령은 헌법을 위반하거나 반역죄를 지은 경우가 아닌 한 직무를 수행하는 동안 책임을 지지 않는다. 일반 범죄와 관련된 책임은 일반법의 적용을 받는다. 대통령은 하원의회가 재적 의원 3분의 2의 찬성으로 공포한 결정으로,

أعمال جلسة عامة وتلاوته فيها ومضي هذه المهلة دون أن يبت فيه، أن يصدر مرسوما قاضيا بتنفيذه بعد موافقة مجلس الوزراء.

(المادة ٥٩)

(المعدلة بالقانون الدستوري الصادر في ١٧/١٠/ ١٩٢٧)

لرئيس الجمهورية تأجيل انعقاد المجلس إلى أمد لا يتجاوز شهرا واحدا وليس له أن يفعل ذلك مرتين في العقد الواحد.

(المادة ٦٠)

(المعدلة بالقانون الدستوري الصادر في ٢١/١/١٩٤٧)

لا تبعة على رئيس الجمهورية حال قيامه بوظيفته إلا عند خرقه الدستور أو في حال الخيانة العظمى.

أما التبعة فيما يختص بالجرائم العادية فهي خاضعة للقوانين العامة. ولا يمكن اتهامه بسبب هذه الجرائم

제80조에 명시된 최고위원회 재판에 회부하는 것을 제외하고는, 이러한 범죄들, 헌법 위반, 반역죄로 기소되지 아니한다. 최고위원회에의 기소는 최고재판소 총회에서 임명된 판사가 담당한다.

제61조

대통령이 기소되면 직무가 정지되고, 최고위원회의 결정이 나올 때까지 대통령직은 공석이 된다.

제62조

(1990년 9월 21일 공포된 헌법에 의거해 개정됨)
어떤 이유로 대통령직이 공석이 되면, 대통령의 권한은 각료위원회가 대행한다.

أو لعلتي خرق الدستور والخيانة العظمى إلا من قبل مجلس النواب بموجب قرار يصدره بغالبية ثلثي مجموع أعضائه ويحاكم أمام المجلس الأعلى المنصوص عليه في المادة الثمانين ويعهد في وظيفة النيابة العامة لدى المجلس الأعلى إلى قاض تعينه المحكمة العليا المؤلفة من جميع غرفها.

(المادة ٦١)

يكف رئيس الجمهورية عن العمل عندما يتهم وتبقى سدة الرئاسة خالية إلى أن تفصل القضية من قبل المجلس الأعلى.

(المادة ٦٢)

(المعدلة بالقانون الدستوري الصادر في ٢١/٩/١٩٩٠)
في حال خلو سدة الرئاسة لأي علة كانت تناط صلاحيات رئيس الجمهورية وكالة بمجلس الوزراء.

제63조

대통령의 보수는 법률로 정하고 그의 임기 동안 증감할 수 없다.

(المادة ٦٣)

مخصصات رئيس الجمهورية تحدد بموجب قانون ولا تجوز زيادتها ولا إنقاصها مدة ولايته.

둘째: 총리

제64조

(1990년 9월 21일 공포된 헌법에 의거해 개정됨)

총리는[8] 정부 수반으로서 정부를 대표하고 정부의 이름으로 말하며 각료위원회가 제정하는 공공정책의 집행을 책임진다.

총리는 다음과 같은 권한을 행사한다.

1. 각료위원회를 주재하고, 법률에 따라 최고국방위원회[9] 부위원장이 된다.

2. 정부를 구성하기 위해 의회와 협의를 하고, 대통령과 함께 정부 구성 칙령에 서명한다. 정부는 정부 구성 칙령 공포일로부터 30일 이내에 신임을 얻기 위하여 각료위원회에 내각 계획을 제출하여야 한다. 정부는 신임을 얻기 전까지 또는 사퇴한 이후나 사퇴한 것으로 간주된 이후에는 권한을 행사할 수 없다. 다만 좁은 의미의 직무 수행의 경우에는 그러하지 아니하다.

ثانيًا: رئيس مجلس الوزراء

(المادة ٦٤)

(المعدلة بالقانون الدستوري الصادر في ٢١/٩/١٩٩٠)
رئيس مجلس الوزراء هو رئيس الحكومة يمثلها ويتكلم
باسمها ويعتبر مسؤولا عن تنفيذ السياسة العامة التي
يضعها مجلس الوزراء. وهو يمارس الصلاحيات التالية:
١- يرأس مجلس الوزراء ويكون حكما نائبا لرئيس
المجلس الأعلى للدفاع.
٢- يجري الاستشارات النيابية لتشكيل الحكومة
ويوقع مع رئيس الجمهورية مرسوم تشكيلها. وعلى
الحكومة أن تتقدم من مجلس النواب ببيانها الوزاري
لنيل الثقة في مهلة ثلاثين يوما من تاريخ صدور
مرسوم تشكيلها. ولا تمارس الحكومة صلاحياتها قبل
نيلها الثقة ولا بعد استقالتها أو اعتبارها مستقيلة إلا
بالمعنى الضيق لتصريف الأعمال.
٣- يطرح سياسة الحكومة العامة أمام مجلس النواب.

3. 정부의 공공정책을 하원의회에 제출한다.

4. 총리를 임명하는 칙령과 정부의 사퇴를 수락하거나 사퇴한 것으로 간주하는 칙령을 제외한 모든 칙령에 대통령과 함께 서명한다.

5. 임시회를 소집하는 칙령과 법률 공포 및 재심의를 요청하는 칙령에 서명한다.

6. 각료위원회를 소집하고, 업무 청사진(아젠다)을 작성하며, 업무 청사진에 포함된 사안 및 토의되어야 할 긴급 사안을 미리 대통령에게 통보한다.

7. 행정부와 공공기관의 업무를 수행하고, 장관들 간을 조정하며, 업무의 원만한 진행을 보장하기 위한 지침을 제공한다.

8. 국내의 유관 기관과 함께 해당 장관이 참석한 가운데 실무회의를 개최한다.

٤ – يوقع مع رئيس الجمهورية جميع المراسيم ما عدا مرسوم تسميته رئيسا للحكومة ومرسوم قبول استقالة الحكومة أو اعتبارها مستقيلة.

٥ – يوقع مرسوم الدعوة إلى فتح دورة استثنائية ومراسيم إصدار القوانين وطلب إعادة النظر فيها.

٦ – يدعو مجلس الوزراء إلى الانعقاد ويضع جدول أعماله ويطلع رئيس الجمهورية مسبقا على المواضيع التي يتضمنها وعلى المواضيع الطارئة التي ستبحث.

٧ – يتابع أعمال الإدارات والمؤسسات العامة وينسق بين الوزراء ويعطي التوجيهات العامة لضمان حسن سير العمل.

٨ – يعقد جلسات عمل مع الجهات المعنية في الدولة بحضور الوزير المختص.

셋째: 각료위원회

제65조

(1990년 9월 21일 공포된 헌법에 의거해 개정됨)

행정권은 각료위원회에 부여되고, 군대는[10] 행정권에 예속된다.

각료위원회가 행사하는 권한은 다음과 같다.

1. 모든 분야에서 국가의 공공정책 법안과 조직 법령을 입안하고, 그 시행에 필요한 결정을 채택한다.

2. 법률과 규정의 시행을 관리하며, 행정부, 민간 · 군 · 보안 기관을 포함하여 어떠한 예외도 없이 모든 국가 기관들의 업무를 감독한다.

3. 법률에 따라 국가 공무원을 임면하고, 그들의 사임을 수리한다.

4. 의회가 불가항력적인 이유 없이 정기회 동안이나 또는 연속하는 두 번의 임시회 동안 각각 1개월 이상 회의를 소집하지 않는 경우 또는 정부의 업무를 마비시킬 목적으로

ثالثًا: مجلس الوزراء

(المادة ٦٥)

(المعدلة بالقانون الدستوري الصادر في ٢١/٩/١٩٩٠)
تناط السلطة الإجرائية بمجلس الوزراء. وهو السلطة
التي تخضع لها القوات المسلحة، ومن الصلاحيات التي
يمارسها:

١ – وضع السياسة العامة للدولة في جميع المجالات
ووضع مشاريع القوانين والمراسيم التنظيمية واتخاذ
القرارات اللازمة لتطبيقها.

٢ – السهر على تنفيذ القوانين والأنظمة والإشراف
على أعمال كل أجهزة الدولة من إدارات ومؤسسات
مدنية وعسكرية وأمنية بلا استثناء.

٣ – تعيين موظفي الدولة وصرفهم وقبول استقالتهم
وفق القانون.

٤ – حل مجلس النواب بطلب من رئيس الجمهورية إذا
امتنع مجلس النواب، لغير أسباب قاهرة عن الاجتماع

예산 전체를 거부하는 경우, 대통령의 요청에 따라 하원의회를 해산한다. 이 권리는 첫 번째 의회 해산을 야기했던 것과 동일한 이유로 다시 행사될 수 없다.

5. 각료위원회는 특별한 본부에서 정기적으로 회의를 하고, 대통령이 참석하면 대통령이 회의를 주재한다. 회의 개최의 합법적인 정족수는 위원 3분의 2 이상의 출석이다. 각료위원회의 결정은 동의로 하되, 이것이 불가능하면 표결로 하며, 출석 위원 다수결로 결정을 채택한다. 기본적인 사안들은 정부 구성 칙령에 규정된 정부 구성원 3분의 2의 동의가 필요하다. 기본적인 사안들은 다음과 같다: 헌법 개정, 비상사태의 선포와 폐지, 전쟁과 평화, 총동원령, 국제 조약 및 협정, 국가 일반예산, 포괄적이고 장기적인 발전 계획, 1급 공무원과 이에 준하는 등급의 공무원 임명, 선거구 획정의 재심의, 하원의회 해산, 선거법, 국적법, 개인 신상에 관한 법, 장관 면직

طوال عقد عادي أو طوال عقدين استثنائيين متواليين لا تقل مدة كل منهما عن الشهر أو في حال رد الموازنة برمتها بقصد شل يد الحكومة عن العمل. ولا تجوز ممارسة هذا الحق مرة ثانية للأسباب نفسها التي دعت إلى حل المجلس في المرة الأولى.

٥ - يجتمع مجلس الوزراء دوريا في مقر خاص ويترأس رئيس الجمهورية جلساته عندما يحضر. ويكون النصاب القانوني لانعقاده أكثرية ثلثي أعضائه، ويتخذ قراراته توافقيا. فإذا تعذر ذلك فبالتصويت، ويتخذ قراراته بأكثرية الحضور. أما المواضيع الأساسية فإنها تحتاج إلى موافقة ثلثي عدد أعضاء الحكومة المحدد في مرسوم تشكيلها. ويعتبر مواضيع أساسية ما يأتي: تعديل الدستور، إعلان حالة الطوارئ إلغاوها، الحرب والسلم، التعبئة العامة، الاتفاقات والمعاهدات الدولية، الموازنة العامة للدولة، الخطط الإنمائية الشاملة والطويلة المدى، تعيين موظفي الفئة الأولى وما يعادلها، إعادة النظر في التقسيم الإداري، حل مجلس النواب،

제66조

(1927년 10월 17일 공포된 헌법과 1990년 9월 21일 공포된 헌법에 의거해 개정됨)

레바논 사람만이 장관직을 맡을 수 있고, 대표자가 될 자격 요건을 갖추지 못한 사람은 장관직을 맡을 수 없다. 장관은 국가의 이익 관리를 담당하고, 그의 부서와 관할 하에 속하는 업무와 관련된 모든 법률과 규정을 집행할 책임을 진다.

장관은 하원의회에 대하여 정부의 공공정책에 관한 집단적인 책임을 지고, 개인적인 업무에 관하여는 개별적으로 책임을 진다.

제67조

(1927년 10월 17일 공포된 헌법에 의거해 개정됨)

قانون الانتخابات، قانون الجنسية، قوانين الأحوال الشخصية، إقالة الوزراء.

(المادة ٦٦)

(المعدلة بالقانون الدستوري الصادر في ١٧/١٠/١٩٢٧ وبالقانون الدستوري الصادر في ٢١/٩/١٩٩٠)

لا يلي الوزارة إلا اللبنانيون ولا يجوز تولي الوزارة إلا لمن يكون حائزا على الشروط التي تؤهله للنيابة.

يتولى الوزراء إدارة مصالح الدولة ويناط بهم تطبيق الأنظمة والقوانين كل بما يتعلق بالأمور العائدة إلى إدارته وما خص به.

يتحمل الوزراء إجماليا تجاه مجلس النواب تبعة سياسة الحكومة العامة ويتحملون افراديا تبعة أفعالهم الشخصية.

(المادة ٦٧)

(المعدلة بالقانون الدستوري الصادر في ١٧/١٠/

장관은 원하는 경우 위원회에 출석하고, 발언을 요청하여 발언할 수 있다. 장관은 그가 정하는 부처 직원의 도움을 받을 수 있다.

제68조

(1927년 10월 17일 공포된 헌법에 의거해 개정됨)

위원회가 제37조에 따라 어느 장관에 대한 불신임을 결의하면, 이 장관은 사임해야 한다.

제69조

(1927년 10월 17일 공포된 헌법에 의거해 개정되었고, 1929년 5월 8일 공포된 헌법에 의해 폐지되었으며, 1990년 9월 21일 공포된 헌법에 의해 제정됨)

1. 다음의 경우 정부가 사퇴한 것으로 간주된다.

가. 총리가 사임했을 때

(١٩٢٧)

للوزراء أن يحضروا إلى المجلس أني شاؤوا وأن يسمعوا عندما يطلبون الكلام ولهم أن يستعينوا بمن يرون من عمال إدارتهم.

(المادة ٦٨)

(المعدلة بالقانون الدستوري الصادر في ١٧/١٠/ ١٩٢٧)

عندا يقرر المجلس عدم الثقة بأحد الوزراء وفاقا للمادة السابعة والثلاثين وجب على هذا الوزير أن يستقيل.

(المادة ٦٩)

(المعدلة بالقانون الدستوري الصادر في ١٧/١٠/ ١٩٢٧ والملغاة بالقانون الدستوري الصادر في ٨/٥/١٩٢٩ والمنشأة بالقانون الدستوري الصادر في ٢١/٩/١٩٩٠)

١ – تعتبر الحكومة مستقيلة في الحالات التالية:

나. 정부 구성 칙령에 규정된 위원수의 3분의 1 이상이 지위를 상실했을 때

다. 총리가 사망했을 때

라. 대통령이 취임하였을 때

마. 하원의회의 임기가 시작되었을 때

바. 의회 주도로 의회에 의한 정부 불신임 결의가 있거나 정부가 스스로 신임을 포기한 경우

2. 장관은 정부 구성원 3분의 2의 동의를 받아 대통령이 서명하고 총리가 부서한 칙령으로써 사임된다.

3. 정부가 사퇴하거나 사퇴한 것으로 간주하는 경우, 하원의회는 새로운 정부가 구성되고 신임 결의를 득할 때까지 법적으로 임시회가 개최되어 있는 상태가 된다.

제70조

(1990년 9월 21일 공포된 헌법에 의거해 개정됨)

하원의회는 총리와 장관이 반역죄를 범하거나 부여된 의

أ– إذا استقال رئيسها.

ب– إذا فقدت أكثر من ثلث عدد أعضائها المحدد في مرسوم تشكيلها.

ج– بوفاة رئيسها.

د– عند بدء ولاية رئيس الجمهورية.

هـ– عند بدء ولاية مجلس النواب.

و– عند نزع الثقة منها من قبل المجلس النيابي بمبادرة منه أو بناء على طرحها الثقة.

٢– تكون إقالة الوزير بمرسوم يوقعه رئيس الجمهورية ورئيس الحكومة بعد موافقة ثلثي أعضاء الحكومة.

٣– عند استقالة الحكومة أو اعتبارها مستقيلة يصبح مجلس النواب حكما في دورة انعقاد استثنائية حتى تأليف حكومة جديدة ونيلها الثقة.

(المادة ٧٠)

(المعدلة بالقانون الدستوري الصادر في ١٩٩٠/٩/٢١)

لمجلس النواب أن يتهم رئيس مجلس الوزراء والوزراء

무를 위반할 때 그들을 기소한다. 다만 기소 결정은 재적
의원 3분의 2의 다수결로써 공포된다. 총리와 장관의 법적
책임을 지는 요건은 특별법으로 정한다.

제71조

(1990년 9월 21일 공포된 법률에 의거해 개정됨)

기소된 총리나 장관은 최고위원회에서 재판을 받는다.

제72조

(1990년 9월 21일 공포된 헌법에 의거해 개정됨)

총리의 직무 집행은 탄핵 결정이 공포된 즉시 정지된다.
그가 사임하였더라도 총리에 대한 사법적 절차의 시작이
나 계속을 막을 수 없다.

بارتكابهم الخيانة العظمى أو بإخلالهم بالواجبات المترتبة عليهم ولا يجوز أن يصدر قرار الاتهام إلا بغالبية الثلثين من مجموع أعضاء المجلس. ويحدد قانون خاص شروط مسؤولية رئيس مجلس الوزراء والوزراء الحقوقية.

(المادة ٧١)

(المعدلة بالقانون الدستوري الصادر في ٢١/٩/١٩٩٠)
يحاكم رئيس مجلس الوزراء أو الوزير المتهم أمام المجلس الأعلى.

(المادة ٧٢)

(المعدلة بالقانون الدستوري الصادر في ٢١/٩/١٩٩٠)
يكف رئيس مجلس الوزراء أو الوزير عن العمل فور صدور قرار الاتهام بحقه، وإذا استقال لا تكون استقالته سببا لعدم إقامة الدعوى عليه أو لوقف المعاملات القضائية.

제3장

1. 대통령 선거

제73조

대통령의 임기 종료일 1개월 전부터 2개월 전까지, 의회는 의장의 소집에 따라 새로운 대통령을 선출하기 위하여 소집된다. 의회가 이러한 목적을 위하여 소집되지 않았을 경우, 대통령의 임기 종료일 10일 전에 법에 따라 소집된다.

제74조

사망, 사임, 기타 이유로 대통령직이 공석이 되면, 후임자 선출을 위해 의회는 법률에 따라 즉시 소집되어야 한다. 하원의회가 해산된 상태에서 대통령직의 공석이 발생하면, 선거위원회가 지체 없이 소집되고, 의회는 선거가 치

الباب الثالث

أ- انتخاب رئيس الجمهورية

(المادة ٧٣)

قبل موعد انتهاء ولاية رئيس الجمهورية بمدة شهر على الأقل أو شهرين على الأكثر يلتئم المجلس بناء على دعوة من رئيسه لانتخاب الرئيس الجديد وإذا لم يدع المجلس لهذا الغرض فانه يجتمع حكما في اليوم العاشر الذي يسبق أجل انتهاء ولاية الرئيس.

(المادة ٧٤)

إذا خلت سدة الرئاسة بسبب وفاة الرئيس أو استقالته أو سبب آخر فلأجل انتخاب الخلف يجتمع المجلس فورا بحكم القانون وإذا اتفق حصول خلاء الرئاسة حال وجود مجلس النواب منحلا تدعى الهيئات

러지는 즉시 법률에 따라 소집된다.

제75조

대통령 선거를 위해 소집된 의회는 입법 기관이 아니라 선거 기관으로 간주되고, 어떠한 다른 토의나 기타 활동 없이 대통령 선거에 관한 업무에 즉시 착수해야 한다.

2. 헌법 개정

제76조

(1927년 10월 17일 공포된 헌법에 의거해 개정됨)
헌법은 대통령의 발의에 기초하여 개정될 수 있고, 정부는 개정안을 하원의회에 제출한다.

الانتخابية دون إبطاء ويجتمع المجلس بحكم القانون حال الفراغ من الأعمال الانتخابية.

(المادة ٧٥)

إن المجلس الملتئم لانتخاب رئيس الجمهورية يعتبر هيئة انتخابية لا هيئة اشتراعية ويترتب عليه الشروع حالا في انتخاب رئيس الدولة دون مناقشة أو أي عمل آخر.

ب_ في تعديل الدستور

(المادة ٧٦)
(المعدلة بالقانون الدستوري الصادر في /١٠/١٧ (١٩٢٧
يمنك إعادة النظر في الدستور بناء على اقتراح رئيس الجمهورية فتقدم الحكومة مشروع القانون إلى مجلس

제77조

(1927년 10월 17일 공포된 헌법과 1990년 9월 21일 공포된 헌법에 의거해 개정됨)

헌법은 하원의회의 발의에 기초하여 개정될 수 있고, 이 경우 진행 절차는 다음과 같다.

정기회 동안 하원의회는 의원 10인 이상의 발의로, 재적의원 3분의 2의 다수결로써 헌법 개정을 제안할 권리가 있다.

그러나 그 제안서에 포함되어 있는 항목과 사안은 명확하게 정의되고 열거되어야 한다. 이후 의회 의장은 이 제안서를 정부에 전달하면서 그 사안에 대한 개정안 제정을 요청한다. 정부가 이 제안서에 대해 3분의 2의 다수결로써 동의하면, 정부는 4개월 이내에 개정안 초안을 준비하여 의회에 제출하여야 한다. 정부가 의회의 제안서에 동의하지 않으면 다시 한 번 이를 검토하도록 의회로 결정을 환

النواب.

(المادة ٧٧)

(المعدلة بالقانون الدستوري الصادر في ١٩٢٧/١٠/١٧
وبالقانون الدستوري الصادر في ١٩٩٠/٩/٢١)

يمكن أيضا إعادة النظر في الدستور بناء على طلب
مجلس النواب فيجري الأمر حينئذ على الوجه الآتي:
يحق لمجلس النواب في خلال عقد عادي وبناء على
اقتراح عشرة من أعضائه على الأقل أن يبدي اقتراحه
بأكثرية الثلثين من مجموع الأعضاء الذين يتألف منهم
المجلس قانونا بإعادة النظر في الدستور.

على أن المواد والمسائل التي يتناولها الاقتراح يجب
تحديدها وذكرها بصورة واضحة، فيبلغ رئيس
المجلس ذلك الاقتراح إلى الحكومة طالبا إليها أن تضع
مشروع قانون في شأنه، فإذا وافقت الحكومة المجلس
على اقتراحه بأكثرية الثلثين وجب عليها أن تضع
مشروع التعديل وتطرحه على المجلس خلال أربعة

부하여야 한다. 의회가 법적으로 의회를 구성하는 재적의원 4분의 3의 다수결로써 이 제안서를 고수하는 경우, 대통령은 의회의 의도에 응답하거나 또는 각료위원회에 의회를 해산하고 3개월 이내에 새 선거를 진행할 것을 요청할 수 있다. 새 의회가 헌법 개정의 필요성을 고수하면 정부는 이에 동의하고 4개월 이내에 개정안을 제출하여야 한다.

3. 하원의회 업무

제78조

(1927년 10월 17일 공포된 헌법에 의하여 개정됨)

헌법 개정안이 의회에 제출되면 다른 업무보다 우선적으로 표결할 수 있도록 집중 토의하여야 한다. 토의나 표결은 제출된 개정안에 명백하게 규정된 항목과 사안에 대해

أشهر وإذا لم توافق فعليها أن تعيد القرار إلى المجلس ليدرسه ثانية، فإذا أصر المجلس عليه بأكثرية ثلاثة أرباع مجموع الأعضاء الذين يتألف منهم المجلس قانونًا فلرئيس الجمهورية حينئذ أما إجابة المجلس إلى رغبته أو الطلب من مجلس الوزراء حله وإجراء انتخابات جديدة في خلال ثلاثة أشهر، فإذا أصر المجلس الجديد على وجوب التعديل وجب على الحكومة الانصياع وطرح مشروع التعديل في مدة أربعة أشهر.

ج- أعمال مجلس النواب

(المادة ٧٨)

(المعدلة بالقانون الدستوري الصادر في /١٠/ ١٧
١٩٢٧)

إذا طرح على المجلس مشروع يتعلق بتعديل الدستور يجب عليه أن يثابر على المناقشة حتى التصويت عليه

서만 이루어져야 한다.

제79조

(1927년 10월 17일 공포된 헌법과 1990년 9월 21일 공포된
헌법에 의거해 개정됨)

헌법 개정안이 의회로 제출된 경우, 법적으로 의회를 구성
하는 재적의원 3분의 2가 출석하지 않는다면 개정안에 대
한 토의나 표결은 불가능하다. 표결은 동일한 다수(재적의
원 3분의 2)로 이루어져야 한다.

대통령은 헌법 개정에 관한 법률을 일반법의 공포, 게재와
동일한 형식과 조건으로 공포하여야 한다. 대통령은 공포
를 위해 지정된 기간 동안 각료위원회에 통보한 이후에 개
정안의 재토의를 의회에 요청할 권리가 있다. 의회는 재토
의에 대하여도 3분의 2 다수결로 표결한다.

قبل أي عمل آخر. على أنه لا يمكنه أن يُجري مناقشة أو أن يصوت إلا على المواد والمسائل المحددة بصورة واضحة في المشروع الذي يكون قدم له.

(المادة ٧٩)

(المعدلة بالقانون الدستوري الصادر في ١٧/١٠/١٩٢٧ وبالقانون الدستوري الصادر في ٢١/٩/١٩٩٠)

عندما يطرح على المجلس مشروع يتعلق بتعديل الدستور لا يمكنه أن يبحث فيه أو أن يصوت عليه ما لم تلتئم أكثرية مؤلفة من ثلثي الأعضاء الذين يؤلفون المجلس قانونا ويجب أن يكون التصويت بالغالبية نفسها.

وعلى رئيس الجمهورية أن يصدر القانون المتعلق بتعديل الدستور بالشكل والشروط نفسها التي تصدر وتنشر بموجبها القوانين العادية ويحق له خلال المدة المعينة للإصدار أن يطلب إلى المجلس بعد إطلاع مجلس الوزراء إعادة المناقشة في المشروع مرة أخرى ويصوت عليه بأكثرية ثلثي الأصوات أيضا.

제4장
기타 조항

1. 최고위원회

제80조

(1927년 10월 17일 공포된 헌법과 1990년 9월 21일 공포된 헌법에 의거해 개정됨)

대통령과 총리 및 장관을 탄핵하는 것을 임무로 하는 최고위원회는 하원의회가 선출하는 7인의 위원들과 레바논 사법 체계 상 최고위 법관(등급이 같을 경우 연공서열에 따라) 8인으로 구성된다. 최고위원회는 가장 높은 직급을 가진 법관의 주재 하에 소집되고, 탄핵 결정은 최고위원회 위원 10인의 다수결로써 공포한다. 탄핵 절차는 특별법으로 정한다.

الباب الرابع
تدابير مختلفة

أ- المجلس الأعلى

(المادة ٨٠)

(المعدلة بالقانون الدستوري الصادر ١٧/١٠/١٩٢٧ وبالقانون الدستوري الصادر في ٢١/٩/١٩٩٠)

يتألف المجلس الأعلى ومهمته محاكمة الرؤساء والوزراء من سبعة نواب ينتخبهم مجلس النواب وثمانية من أعلى القضاة اللبنانيين رتبة حسب درجات التسلسل القضائي أو باعتبار القدمية إذا تساوت درجاتهم ويجتمعون تحت رئاسة أرفع هؤلاء القضاة رتبة وتصدر قرارات التجريم من المجلس الأعلى بغالبية عشرة أصوات. وتحدد أصول المحاكمات لديه بموجب قانون خاص.

2. 재정

제81조

(1947년 1월 21일 공포된 헌법에 의거해 개정됨)

공공세금은 부과된다. 모든 레바논 영토에 예외 없이 적용되는 일반적인 법률에 의거하지 아니하는 한, 레바논 공화국에서 세금을 신설하거나 부과할 수 없다.

제82조

세금의 개정이나 폐지는 법률에 의해서만 허용된다.

제83조

매년 10월 정기회가 시작될 때 정부는 하원의회에 국가의 차년도 지출과 수입을 포함하는 예산안을 제출한다. 예산은 항목별로 표결한다.

ب- في المالية

(المادة ٨١)
(المعدلة بالقانون الدستوري الصادر في ١٩٤٧/١/٢١)
تفرض الضرائب العمومية ولا يجوز إحداث ضريبة
ما وجبايتها في الجمهورية اللبنانية إلا بموجب قانون
شامل تطبق أحكامه على جميع الأراضي اللبنانية دون
استثناء.

(المادة ٨٢)
لا يجوز تعديل ضريبة أو إلغاؤها إلا بقانون.

(المادة ٨٣)
كل سنة في بدء عقد تشرين الأول تقدم الحكومة
لمجلس النواب موازنة شاملة نفقات الدولة ودخلها عن
السنة القادمة ويقترع على الموازنة بندا بندا.

제84조

(1927년 10월 17일 공포된 헌법에 의거해 개정됨)

의회는 예산안, 추가 특별 충당금 안을 토의하는 동안, 추가하는 형태의 개정 방식이든 새로 제안하는 방식이든, 예산안이나 언급된 나머지 안에 제안된 금액을 증액할 수 없다. 다만 의회는 토의 종료 이후에 새로운 지출을 신설하는 법률을 새로 제안하는 결정을 할 수 있다.

제85조

(1927년 10월 17일 공포된 헌법, 1947년 1월 21일 공포된 헌법, 1990년 9월 21일 공포된 헌법에 의거해 개정됨)

특별 충당금 책정은 특별법으로만 허용된다.

긴급 지출을 요하는 비상상황이 발생하는 경우, 대통령은 각료위원회의 결정을 기초로 하여 특별 또는 추가 충당금

(المادة ٨٤)

(المعدلة بالقانون الدستوري الصادر في /١٠/ ١٧
(١٩٢٧

ولا يجوز للمجلس في خلال المناقشة بالميزانية
وبمشاريع الاعتمادات الإضافية أو الاستثنائية أن يزيد
الاعتمادات المقترحة عليه في مشروع الموازنة أو في
بقية المشاريع المذكورة سواء كان ذلك بصورة تعديل
يدخله عليها أو بطريقة الاقتراح. غير انه يمكنه بعد
الانتهاء من تلك المناقشة أن يقرر بطريقة الاقتراح
قوانين من شأنها إحداث نفقات جديدة.

(المادة ٨٥)

(المعدلة بالقانون الدستوري الصادر في ١٧/١٠/١٩٢٧
وبالقانون الدستوري الصادر في ٢١/١/١٩٤٧
وبالقانون الدستوري الصادر في ٢١/٩/١٩٩٠)
لا يجوز أن يفتح اعتماد استثنائي إلا بقانون خاص.
أما إذا دعت ظروف طارئة لنفقات مستعجلة فيتخذ

을 책정하거나 또는 예산에 있는 충당금을 전용하는 칙령을 채택할 수 있다. 그러나 이 충당금은 예산법이 규정한 최대 한도를 초과해서는 아니된다. 이러한 조치들은 이후에 소집되는 첫 번째 회기에 승인을 받기 위하여 의회에 제출되어야 한다.

제86조

(1927년 10월 17일 공포된 헌법과 1990년 9월 21일 공포된 헌법에 의거해 개정됨)

의회가 예산안 심사를 위한 회기의 종료 전까지 예산안을 최종적으로 승인하지 않았다면, 대통령은 총리의 동의를 얻어 예산 검토를 계속하기 위하여 1월 말까지 지속되는 임시회를 즉시 소집한다. 예산안이 최종적으로 승인되지 않은 채 임시회가 종료되었다면, 각료위원회는 의회에 제출되었던 형태의 예산안을 효력이 있도록 하고, 이를 적용하기로 하는 대통령이 공포한 칙령에 기초한 결정을 채택

رئيس الجمهورية مرسومًا، بناء على قرار صادر عن مجلس الوزراء، بفتح اعتمادات استثنائية أو إضافية وبنقل اعتمادات في الموازنة على أن لا تتجاوز هذه الاعتمادات حدا أقصى يحدد في قانون الموازنة. ويجب أن تعرض هذه التدابير على موافقة المجلس في أول عقد يلتئم فيه بعد ذلك.

(المادة ٨٦)

(المعدلة بالقانون الدستوري الصادر في ١٩٢٧/١٠/١٧ وبالقانون الدستوري الصادر في ١٩٩٠/٩/٢١)

إذا لم يبت مجلس النواب نهائيا في شأن مشروع الموازنة قبل الانتهاء من العقد المعين لدرسه فرئيس الجمهورية بالاتفاق مع رئيس الحكومة يدعو المجلس فورا لعقد اتسثنائي يستمر لغاية نهاية كانون الثاني لمتابعة درس الموازنة وإذا انقضى العقد الاستثنائي هذا ولم يبت نهائيا في مشروع الموازنة فلمجلس الوزراء أن يتخذ قرارًا، يصدر بناء عليه عن رئيس الجمهورية،

할 수 있다. 그러나 그 예산안이 각료위원회 개회 15일 전에 제출되지 않았다면 각료위원회는 이 권리를 사용할 수 없다.

상기에 언급된 임시회 동안에도 세금, 비용, 벌금, 수입, 기타 세입은 이전과 같이 징수되어야 한다. 또한 기본적으로 전년도 예산을 기초로 하여 새롭게 개설된 영구 추가 세출을 추가하고, 영구 세출 중 삭제된 것은 제외한다. 정부는 임시적으로 12월의 지출 비용을 기초로 하여 새해 1월 지출 비용을 수령한다.

제87조

(1927년 10월 17일 공포된 헌법에 의거해 개정됨)

매년 행정부의 재무결산은 차년도 예산을 공포하기 전에 승인을 위해 의회에 제출되어야 한다. 회계국의 설치는 특

مرسوم يجعل بموجبه المشروع بالشكل الذي تقدم به إلى المجلس مرعيا ومعمولا به. ولا يجوز لمجلس الوزراء أن يستعمل هذا الحق إلا إذا كان مشروع الموازنة قد طرح على المجلس قبل بداية عقده بخمسة عشر يوما على الأقل.

على أنه في مدة العقد الاستثنائي المذكور تجبى الضرائب والتكاليف والرسوم والمكوس والعائدات الأخرى كما في السابق وتؤخذ ميزانية السنة السابقة أساسا ويضاف إليها ما فتح بها من الاعتمادات الإضافية الدائمة ويحذف منها ما اسقط من الاعتمادات الدائمة وتأخذ الحكومة نفقات شهر كانون الثاني من السنة الجديدة على القاعدة الاثني عشرية.

(المادة ٨٧)

(المعدلة بالقانون الدستوري الصادر في / ١٠/ ١٧ (١٩٢٧)

إن حسابات الإدارة المالية النهائية لكل سنة يجب أن

별법으로 정한다.

제88조

법률에 의하지 아니하고는 예산 지출을 초래하는 공공부채, 의무에 관한 계약을 체결할 수 없다.

제89조

국가 천연자원의 개발, 공익 복지, 독점을 위한 이권이나 특권은 법률에 의해서 그리고 한정된 기간 동안에만 허용된다.

تعرض على المجلس ليوافق عليها قبل نشر موازنة السنة التالية التي تلي تلك السنة وسيوضع قانون خاص لتشكيل ديوان المحاسبات.

(المادة ٨٨)

لا يجوز عقد قرض عمومي ولا تعهد يترتب عليه إنفاق من مال الخزانة إلا بموجب قانون.

(المادة ٨٩)

لا يجوز منح أي التزام أو امتياز لاستغلال مورد من موارد ثروة البلاد الطبيعية أو مصلحة ذات منفعة عامة أو أي احتكار إلا بموجب قانون وإلى زمن محدود.

제5장
위임 통치국과 국제연맹에 관한 규정

제90조, 제91조, 제92조

(1943년 11월 9일 공포된 헌법에 의거해 폐지됨)

제93조

(1947년 1월 21일 공포된 헌법에 의거해 폐지됨)

제94조

(1943년 11월 9일 공포된 헌법에 의거해 폐지됨)

الباب الخامس
أحكام تتعلق بالدولة المنتدبة وبعصبة الأمم

(المواد ٩٠ و٩١ و٩٢)
(ألغيت بالقانون الدستوري الصادر في ٩/١١/١٩٤٣)

(المادة ٩٣)
(ألغيت بالقانون الدستوري الصادر في ٢١/١/١٩٤٧)

(المادة ٩٤)
(ألغيت بالقانون الدستوري الصادر في ٩/١١/١٩٤٣)

제6장
최종 임시 규범

제95조

(1943년 11월 9일 공포된 헌법과 1990년 9월 21일에 공포된 헌법에 의거해 개정됨)

동일한 비율의 이슬람교도들과 그리스도교도들로 선출된 하원의회는 잠정적 계획에 따라 정치적 분파주의를 철폐하기 위해 적절한 조치를 취하고, 대통령의 주도로 하원의회 의장, 총리, 정치적·사상적·사회적으로 저명한 인사들을 포함하는 국가위원회를 구성한다. 국가위원회의 임무는 분파주의를 철폐할 수 있는 방법을 연구하고 제안하며, 그 방법들을 하원의회와 각료위원회에 제출하고, 잠정적인 계획을 지속적으로 집행하는 것이다.

과도기 단계에서

가. 각 종파들은 내각을 구성함에 있어서 공정하게 대표된

الباب السادس
أحكام نهائية مؤقتة

(المادة ٩٥)

(المعدلة بالقانون الدستوري الصادر في ١٩٤٣/١١/٩ وبالقانون الدستوري الصادر في ١٩٩٠/٩/٢١)

على مجلس النواب المنتخب على أساس المناصفة بين المسلمين والمسيحيين اتخاذ الإجراءات الملائمة لتحقيق إلغاء الطائفية السياسية وفق خطة مرحلية وتشكيل هيئة وطنية برئاسة رئيس الجمهورية، تضم بالإضافة إلى رئيس مجلس النواب ورئيس مجلس الوزراء شخصيات سياسية وفكرية واجتماعية.

مهمة الهيئة دراسة واقتراح الطرق الكفيلة بإلغاء الطائفية وتقديمها إلى مجلسي النواب والوزراء ومتابعة تنفيذ الخطة المرحلية.

وفي المرحلة الانتقالية:

다.

나. 종파 대표 원칙이 폐기되고, 1급과 이에 준하는 등급의 공직을 제외하며, 사법부, 군사 및 보안 기관, 공공 또는 혼합 기관과 같은 공직에의 임용에는 민족 화합의 필요에 따라 전문성과 효율성이 적용된다. 이러한 공직들은 전문성과 효율성을 고려하여, 특정 종파에 특정 공직을 지정하지 않고 이슬람교도들과 그리스도교도들에 동등하게 분배된다.

제96조, 제97조, 제98조, 제99조, 제100조
(1947년 1월 21일 공포된 헌법에 의거해 폐지됨)

제101조
1926년 9월 1일부로 대 레바논국은 어떠한 변경이나 개정 없이 레바논 공화국으로 부른다.

أ- تمثل الطوائف بصورة عادلة في تشكيل الوزارة.

ب- تلغى قاعدة التمثيل الطائفي ويعتمد الاختصاص والكفاءة في الوظائف العامة والقضاء والمؤسسات العسكرية والأمنية والمؤسسات العامة والمختلطة وفقا لمقتضيات الوفاق الوطني باستثناء وظائف الفئة الأولى فيها وفي ما يعادل الفئة الأولى فيها وتكون هذه الوظائف مناصفة بين المسيحيين والمسلمين دون تخصيص أية وظيفة لأية طائفة مع التقيد بمبدأي الاختصاص والكفاءة.

(المواد ٩٦ و٩٧ و٩٨ و٩٩ و١٠٠)

(ألغيت بالقانون الدستوري الصادر في ٢١/١/١٩٤٧)

(المادة ١٠١)

ابتداءً من أول ايلول سنة ١٩٢٦ تدعى دولة لبنان الكبير الجمهورية اللبنانية دون أي تبديل أو تعديل آخر.

제102조

(1943년 11월 9일 공포된 헌법에 의거해 개정됨)

이 헌법과 모순되는 모든 법률 조항은 폐지된다.

(المادة ١٠٢)

(المعدلة بالقانون الدستوري الصادر في ١٩٤٣/١١/٩)

ألغيت كل الأحكام الاشتراعية المخالفة لهذا الدستور.

주석

레바논 헌법

1 아랍연맹은 1945년 3월 22일 이집트 카이로에서 결성되었다. 창립 회원국은 이집트, 시리아, 레바논, 이라크, 요르단, 사우디아라비아, 예멘이다. 그 외에도 리비아(1953년), 수단(1956년), 튀니지와 모로코(1958년), 쿠웨이트(1961년), 알제리(1962년), 바레인 · 오만 · 카타르 · 아랍에미리트(1971년), 모리타니아(1973년), 소말리아(1974년), 팔레스타인 해방기구(1967년), 지부티(1977년)가 가입했다. 연맹의 설립 목적은 회원국들의 정치적 · 문화적 · 경제적 · 사회적 유대를 강화하고 조정하며, 회원국 간 및 제3국과 생기는 분쟁을 조정하는 것이다.

2 레바논은 1945년 10월 24일 국제연합에 가입했다.

3 공통의 법적 견해를 가진 법학자들의 집단으로, 주요 법학파로는 하나피, 말리키, 샤피이, 한발리, 자히리(이상 순니), 자으파리, 자이디(이상 시아), 이바디 법학파가 있다. 레바논의 이슬람교 분포는 약 54%이고, 그중 순니와 시아가 각각 27%로 추산된다. 순니 무슬림은 샤피이 법학파를 추종하는 것으로 알려져 있다.

4 레바논은 공식적으로 이슬람을 국교로 채택하지 않고, 다양한 종교와 종파를 인정한다. 정확한 공식 통계는 없다. CIA의 2017년 추정치에 따르면, 무슬림이 약 57.7%, 그리스도인이 약 36.2%, 드루즈 약 5.2%다. 무슬림은 순니가 약 28.7%, 시아가 약 28.4%다. 그리스도인의 다수는 마론파 가톨릭에 속한다.

5 레바논의 사법제도는 프랑스의 사법제도를 채택하고 있다. 56개 하급법원, 11개 공소원 및 4개 대법원으로 구성되어 있으며, 3심제를 보유하고 있다. 그 외 최고행정재판소와 헌법재판소가 있다.

6 2018~2022년 의회 의석수는 총 128석이며 종교 및 종파별 비율은 다음과 같다. 그리스도교 의석은 모두 64석이다. 마론파 34석, 그리스 정교회 14석, 그리스 가

톨릭 8석, 아르메니아 정교회 5석, 아르메니아 가톨릭 1석, 개신교 1석, 기타 소수 그리스도교 종파 1석이다. 이슬람교와 드루즈는 합쳐서 64석이다. 순니 27석, 시아 27석, 알라위 2석, 드루즈 8석이다.

7 현재 대통령은 2016년 10월 31일 선출된 미셸 아운 자유애국운동(FPM) 전 대표이다.

8 현 총리는 미셸 아운 대통령이 2016년 11월 3일 임명한 사드 하리리 전 총리이다. 사드 하리리 총리는 30명(총리 포함)으로 구성된 신임 각료위원회를 출범시켰다.

9 대통령을 위원장, 총리를 부위원장, 그외 국방장관, 외무장관, 내무장관, 군 총사령관의 6명으로 구성되어 있다. 각료위원회에서 결정한 국가 방위 및 안보 정책 수행이 주요 역할이다.

10 레바논의 군대는 육군 약 7만명, 공군 약 1천명, 해군 약 1천명으로 구성되어 있다.

평화를 꿈꾸는 레바논

1. 개관

2. 역사

3. 헌법

4. 종교와 문화

5. 경제

6. 한국-레바논 관계

1. 개관

국명	레바논공화국(Lebanese Republic)

행정부	• 의회공화정(18개의 공식종교가 권력을 분담하는 형태)
	• 국가원수: 대통령
	  - 임기 6년. 연임은 불가능하나 중임은 가능
	  - 의회가 마론파 그리스도인 중에서 선출
	  - 현 대통령: 미셸 아운(2016년 10월 31일 ~ 현재)
	• 행정부수반: 총리
	  - 대통령이 순니파 무슬림 중에서 임명
	  - 현 총리: 사드 하리리(2016년 12월 18일 ~ 현재)

입법부	• 단원제 의회(임기 4년, 128명으로 구성)
	  - 그리스도인 64석, 무슬림과 드루즈 64석
	• 국회의장: 시아파 차지
	  - 현 국회의장: 나비흐 베리(1992년 10월 20일 ~ 현재)
	• 현 의회 의원 분포도
	  - 친(親)시리아 정파 '3월 8일 동맹': 72석
	  - 반(反)시리아 정파 '3월 14일 동맹': 47석
	  - 무소속: 9석
	• 헌법 22조는 "모든 종교 공동체를 대표하고 최고의 국가적 사안에 한정하여 권한을 가지는 상원의회가 설립되었다"고 명시

사법부	• 프랑스 영향을 받은 사법체계가 기본을 이루고 상속, 혼인 등 개인과 가족관련 법은 개인이 속한 종교법을 따르는 구조
	  - 3심제
	  - 대법원(4), 하급법원(56), 공소원(11), 최고행정재판소, 헌법위원회로 구성

수도	베이루트
독립일	1943년 11월 22일(프랑스 위임통치로부터 독립)
면적	• 10,400km²(대한민국의 10분의 1 크기, 세계 169위)[1] - 지표면 10,230 km², 내수면 170 km²

인구	• 인구: 약 6,100,075명(2018년 7월)[2] - 1932년 이래 공식적인 인구조사를 시행하지 않고 있기 때문에 레바논 인구는 모두 비공식적 추정치
국어	• 프랑스어, 영어, 아르메니아어도 쓰이나 공식언어는 아랍어

종교	• 국교: 국교는 없고 18개 종파 공식 인정
	• 18개 종교종파 인구(2017년 추정치)[3]
	  - 이슬람 57.7%: 순니(28.7%), 12이맘 시아(28.4%), 알라위, 이스마일리 시아
	  - 그리스도교 36.2%: 마론파 가톨릭, 그리스정교회, 그리스가톨릭, 아르메니아정교회, 아르메니아가톨릭, 시리아정교회, 시리아가톨릭, 앗시리아, 칼데아, 라틴가톨릭, 개신교, 이집트정교회(콥트)
	  - 드루즈 5.2%
	  - 유대교

경제	• 월드뱅크 2017년 자료 기준[4]
	  - GDP(국민총생산): 535억 8천만 달러
	  - 연 GDP성장률: 1.5%
	  - 인플레이션: 2.5%
	  - GDP 대비 수출: 24%
	  - GDP 대비 수입: 44%
	  - GNI(국민총소득)511억 2천만 달러
	  - 1인당 GNI: 8,400달러
	  - PPP(구매력평가): 874억 4천만 달러
	  - 1인당 PPP: 14,380달러

화폐 단위	• 레바논 파운드(LBP) - 1 레바논 파운드 = 0.79원(2019년 5월 31일 기준)
기후	지중해성 기후

국경일/공휴일	• 비종교적 공휴일
	  - 1/1 새해, 2/14 라피크 하리리 기념일, 5/1 노동절, 5/25 항쟁과 해방기념일, 11/22 독립기념일
	• 종교적 공휴일
	  - 그리스도교: 1/6 아르메니아 정교회 크리스마스(서방교회 주 공현절), 2/9 성마론축일(마론파 그리스도교), 성금요일과 부활절(해마다 달라짐. 서방교회와 동방교회가 서로 다른 날에 기념함), 3/25 수태고지일, 8/15 성모승천기념일, 12/25 크리스마스
	  - 이슬람(윤일을 쓰지 않는 순태음력 이슬람력을 쓰기 때문에 해마다 달라짐. 이하 이슬람력으로 표기함): 1/1 이슬람력 신년, 1/10 시아파 아슈라, 3/12 예언자탄생일, 10/1 이드 알피뜨르, 12/10 이드 알아드하

국기와 국장	 • 국기: 1943년 12월 7일 제정. 앙리 필립 파라옹(Henri Philippe Pharaon)이 고안함. 가운데에는 레바논의 상징인 백향목이 있음. 흰색은 레바논산의 눈을 나타내고, 순결과 평화를 뜻함. 위아래 빨간색 두 줄은 외적의 침입에 맞서 나라를 지키며 흘린 레바논 사람들의 피를 상징함. • 국장: 방패 안에 국기 문양을 그대로 담음.
한국-레바논 수교	• 1969년 10월 1일 주 베이루트 통상대표부 설치에 합의하고, 1970년 1월 14일 통상대표부를 설치함. 외교관계는 1981년 2월 12일에 수립하고, 1982년 4월 10일에 제1대 문창화 대사 신임장을 제정함. - 북한-레바논: 1981년 2월 12일 수교 및 대사관 설치

2. 역사

기원전 5만 년부터 사람이 산 흔적이 있는 레바논 역사는 크게 이슬람 이전 시대, 아랍 무슬림 왕조시대, 오스만제국시대, 프랑스 위임통치시대, 독립국가시대로 나눌 수 있다. 이들 시대별로 간단히 중요한 역사적 사실을 정리하면 다음과 같다.

1) 이슬람 이전 시대

지중해 해안가를 중심으로 기원전 5만 년부터 사람이 산 흔적이 보인다. 기원전 5만년부터 기원전 1만 년에 이르는 구석기시대에 네안데르탈인과 크로마뇽인이 썼던 것으로 보이는 부싯돌 도구가 나온다. 구석기에 이어 기원전 약 1만년에 시작한 신석기 시대에는 촌락을 구성하고 가축을 길렀는데. 가장 오래된 거주 형태가 해안가를 중심으로 등장하는데 비블로스(Byblos)가 기원전 9천 년경에 성립된 듯하다.

기원전 4천년부터는 가나안 사람들이 해안과 산간 지역에 거주하기 시작하였다. 가나안에서 온 사람들로 스스로를 가나안 사람으로 불렀는데, 비블로스에서 백향목, 올리브유, 포도주를 이집트의 금속, 상아와 교환하는 무역을 하였다. 가나안 사람들은 해안 도시를 아모르인들과 이집트인들에게 빼앗겼다가 기원전 1200년경 되찾았고, 바알벡, 베이루트, 비블로스, 시돈, 트리폴리, 티르와 같이 유명한 도시를 건설하였다. 가나안 사람들을 그리스문헌은 페니키아인으로 불렀다. 페니키아의 어원은 그리스어로 '포이노스'로, 붉은 색을 뜻한다. 이는 아마도 가나안 사람들이 적자색 조개에서 만드는 염료를 가리킨 데에서 유래한 듯하다.

페니키아인들이 인류사에 남긴 가장 위대한 업적은 알파벳이다. 기원전 1600년경 이들이 만든 22자 알파벳을 그리스인들이 받아들였고, 라틴어를 거쳐 오늘날 서구 문자의 원형이 되었다. 아랍어, 히브리어, 아람어 등 비 서구 문자 역시 페니키아 알파벳에서 나왔다. 페니키아인들은 기원전 875년부터 기원후 600년 대까지 앗시리아, 바빌로니아, 페르시아, 그리스, 로마의 지배를 받으면서도 자신들의 문화를 유지하였다.

2) 아랍무슬림 왕조시대

636년 야르무크 전투에서 승리한 아랍 무슬림군은 시리아,

레바논 지역을 장악하였다. 레바논의 경우 레바논산악 지역은
완전히 복속시키지 못하고, 해안 도시를 점령하였다. 이후 레
바논은 우마이야 칼리파조, 압바스 칼리파조의 지배를 받았다.
십자군 전쟁 때는 1109년 트리폴리, 1110년 베이루트, 시돈,
1124년 티르가 십자군에 함락되었으나, 맘룩조가 십자군을 무
찌르고 1516년 오스만튀르크 제국에 패할 때까지 레바논을 지
배하였다.

3) 오스만 제국시대

맘룩조를 패망시키고 레바논과 중동을 장악한 오스만 튀르크
인들은 튀르크어를 모어로 쓰는 비 아랍 무슬림이었다. 이들은
레바논 일부를 시리아 지역에 병합하는 등 인위적으로 쪼개어
다스렸고 종교적 갈등을 조정하지 못하였다. 그 결과 1860년 종
교적 불화가 폭발하여 드루즈인들이 1만 명에 달하는 그리스도
인들(마론파, 그리스정교, 그리스가톨릭)을 학살하는 지경에 이
르렀다. 이에 레바논산악 지역을 시리아에서 분리하여 오스만
제국이 임명한 총독의 통치 하에 두었다. 1차 세계 대전이 발발
하자 오스만 제국은 레바논의 반자치적인 지위를 폐지하고 직

접 통치하에 두었고, 1916년에는 21명의 시리아, 레바논사람들을 반정부사범으로 몰아 처형하였다. 그러나 1차대전에서 오스만제국이 패하면서 레바논은 1920년 프랑스의 위임통치령이 되었다.

4) 프랑스 위임통치시대

1920년 9월 1일 프랑스의 구로장군은 베이루트를 수도로 하는 대 레바논 수립을 선포하였다. 프랑스 제3공화국을 모방하여 국가체제를 수립하였다. 1926년 최초의 헌법을 공표하였고, 이는 1987년까지 효력을 발휘하였다. 프랑스는 고등판무관직을 두어 레바논을 통제하였고, 레바논 사람들은 이에 불만을 표현하였다. 2차세계대전이 발발하면서 프랑스가 독일에 함락되어 비시정권이 들어서자, 레바논 역시 그 영향을 받았으나, 1941년 프랑스와 영국연합군이 시리아와 레바논에서 독일을 물리쳤다. 드골은 레바논에 입성하여 비시정권을 끌어내렸고, 레바논 사람들의 독립열망과 국제 압력에 굴복하여 1941년 11월 26일 레바논 독립을 선포하였다. 이어 1943년 8월 29일 총선이 열렸고, 9월 21일 의회는 쿠리를 대통령으로 선출하였다. 11월 8일 의회가 헌법의 위임령 조항을 폐지하자 프랑스당국은 대통령을 비롯하여 레바논 정치인들을 체포하여 라샤야 성에 감금하였다. 이에 레바논 사람들이 하나가 되어 강력하게 항의하고, 국제사회도 거들자 프랑스는 11월 22일 이들을 석방하였다. 이날이 바로 레바논의 독립기념일이다.

5) 독립국가시대

프랑스 위임통치령에서 독립하기 직전인 1943년 여름 레바논 정치인들은 국민협약을 체결하였다. 레바논의 그리스도인들은 소수가 되어 무슬림의 지배를 받을 것이라는 두려움을 가지고 있었고, 무슬림들은 압도적인 서구의 영향력을 위협으로 생각하였다. 따라서 양측은 서로에 대한 공포를 잠재우기 위해 문서화되지 않은 협약을 다음과 같은 골자로 맺었다.

그리스도인들은 서구(프랑스)의 보호를 구하지 않는다.
무슬림들은 1920년 국경대로 레바논의 독립성과 합법성을 인정하고 시리아와 통합을 포기한다.
1932년 인구조사에 따라 권력을 분배하여 6:5의 비율로 그리스도인을 무슬림보다 더 우위에 둔다.

이에 따라 대통령은 그리스도인, 총리는 순니파 무슬림, 국회 의장은 시아파 무슬림이 차지하는 불문율이 만들어졌다. 인구 비율에 따라 권력을 분배하다 보니 인구조사는 상당히 민감하고 폭발력이 큰 주제다. 그래서 레바논은 1932년 이래 아직까지 단 한번도 공식적으로 인구조사를 행한 적이 없다.

레바논이 성숙하여 국민통합이 이루어질 경우 종파간 권력 분배가 필요 없을 것이라는 믿음이 있었지만, 종파간 장벽은 그리 쉽게 무너지지 않았다. 1975년 4월 13일 베이루트에서 4명의 그리스도인 민병대원이 총에 맞아 숨지자, 저격범을 팔레스타인으로 간주한 민병대 측에서 팔레스타인 사람들이 탄 버스를 공격하여 모두 26명을 죽였다. 이를 계기로 베이루트 전역에서 종파간 살육이 벌어졌고, 무려 15년간에 걸친 내전으로 발전하였다. 이에 앞서 1973년 8월 시리아의 독재자 하페즈 알아사드는 "레바논과 시리아는 한 나라, 한 민족인데 두 정부가 다스리고 있다"고 하면서 레바논 병합을 공언하였다. 레바논은 내적으로는 이미 팔레스타인 난민 유입으로 종교간 균형이 깨졌고, 반 팔레스타인 그리스도인과 친 팔레스타인 무슬림으로 국론 또한 분열된 상태였다. 더욱이 종파간 균형이 깨지면서 소수가 된 그리스도인들이 다수 무슬림과 권력과 부를 나누지 않으려고 한 것이 기나 긴 내전의 촉발제로 작동하였다. 내전의 틈을 타 시리아군이 레바논을 침공하였다. 이스라엘군은 팔레스타인 민족해방운동기구(PLO)를 공격하고자 1978년에는 레바논 남부를 침공하고, 1982년에는 수도 베이루트 서쪽까지 진격하였다.

내전은 1989년 '타이프 조약'으로 끝을 맺었다. 아랍연맹은 시리아군의 레바논 주둔을 용인하였다. 시리아는 레바논을 장악하였다. 괴뢰정권을 세워 영향력을 발휘하였다. 2000년 이스라엘군은 남부 레바논에서 철수하였다. 2005년 4월 라피크 하리리 총리 암살이라는 악수를 둔 시리아는 레바논에서 전격적으로 철수하면서 30년에 걸친 시리아의 레바논 지배가 막을 내렸다. 이어 거행된 총선에서 반 시리아 '3월 14일 동맹' 정파가 승리하였다.

시리아군이 철수한 이후에도 레바논의 정정은 계속 불안하였다. 그도 그럴 것이 헤즈볼라가 레바논에서 반 이스라엘 항쟁을 주도하였기 때문이다. 1967년 PLO가 본격화된 이후 베이루트 인근 팔레스타인 난민촌은 반 이스라엘 무장 투쟁 훈련기지가 되었고, 1968년부터는 남부 레바논을 거점으로 이스라엘에 공격을 퍼붓기 시작하였다. 1970년 10월 PLO가 요르단에서 쫓겨나면서 레바논으로 몰려와 레바논 내 팔레스타인 난민 총수가 30만명으로 늘었다. 레바논 난민촌과 아르꾸브 지역 일대에 팔레스타인 소국이 세워졌다고 해도 과언이 아닐 정도로 팔레스타인 난민과 항쟁이 레바논의 골치거리가 되었다. 더욱이 이들 난민에 대해서 그리스도인들과 무슬림들의 입장이 양분되어 긴장감이 치솟았다. 이러한 국론분열이 15년 내전에도 영향을 미쳤다.

그런데 내전이 한창이던 1985년 반 이스라엘 시아무장정파로 출발한 헤즈볼라 또한 내전 종식 이후 현재까지 레바논을 둘러싼 국제사회의 여론을 좌우하는 강력한 정치행위자가 되어 레바논 정정을 흔들고 있다. 헤즈볼라는 현재 레바논의 정당으로 존재하면서 현실 정치에 참가하고 있지만, 미국, 서유럽, 캐나다, 이스라엘, 일본 등 많은 나라가 이를 테러조직으로 보고 있다. 헤즈볼라는 이란과 시리아의 후원을 받고 있다.

레바논의 앞날은 불투명하다. 내전에 빠져들기 전까지 중동의 스위스라고 불렸고, 수도 베이루트는 중동의 파리라는 애칭을 얻을 정도로 발전하는 신생국이었지만, 종파간 갈등, 팔레스타인 문제, 아랍민족주의 등 내외부적 요소 때문에 미래를

향한 발걸음이 멈추었다. 한때 그리스도교 국가 레바논을 꿈꾸었던 레바논의 그리스도인들은 고국을 떠나 서구로 이주 중이고, 이러한 추세가 지속된다면 궁극적으로 미래의 레바논은 출생률이 높은 무슬림 중심 국가가 될 가능성이 크다. 현재 시점에서 레바논이 그리스도인들과 무슬림이 공존하되 레바논인이라는 탈 종교적 정체성을 지닌 국가가 되리라고 기대하는 것은 어렵다.

3. 헌법

최초의 레바논 헌법은 1926년 5월 23일에 선포되었고, 이후 수 차례 개정되었다. 6장 102조로 구성된 헌법은 특별히 그리스도인과 무슬림 간 권력 균형을 맞추는 것을 중시하여 헌법 24조에 하원이 향후 종파에 바탕을 두지 않은 선거법을 제정할 때 까지는 선거에서 종파간 균형을 맞춰야 한다고 규정하고 있다. 종파 안배라는 레바논의 정치 현실을 고스란히 반영하고 있는 조문이다. 또 "정치적 분파주의의 철폐는 단계적 계획에 따라 실현되어야 할 국가의 기본 목표이다"라고 헌법서문에서 명백히 밝히고 있듯, 종파에 따른 정치적 분파가 레바논이 국민 통합 국가로 발전하는 데 가장 큰 장애물이라는 현실을 여실히 보여주고 있다.

헌법 서문은 레바논이 "아랍연맹의 창립회원으로서 활동하며 아랍연맹헌장을 준수한다(2항)"면서 아랍 정체성을 천명하고, "표현의 자유와 신앙의 자유를 필두로 국민의 자유를 존중하고, 모든 국민들 간에 권리와 의무를 차별하거나 우선함이 없이 사회정의와 평등을 추구하는 의회 민주 공화국(3항)"이라고 밝힌다. 또 레바논은 각각의 국민이 주권자로서 주권을 헌법기관을 통해 행사하고(4항), 개인의 창의성과 사적 소유권을 보장하는 자유 경제체제(6항)임을 천명하고 있다. 즉, 레바논은 자유경제체제를 지향하는 의회 민주 공화국이다.

〈표 1. 레바논 헌법 개정사〉

공포	1926년 5월 23일
개정	1927년 10월 10일
개정	1927년 10월 17일
개정	1929년 5월 8일
개정	1943년 3월 18일
개정	1943년 11월 9일

개정	1943년 12월 7일
개정	1947년 1월 21일
개정	1948년 5월 22일
개정	1976년 4월 24일
개정	1990년 9월 21일
개정	2004년 9월 4일

4. 종교와 문화

프랑스가 레바논을 만들 때 프랑스에 적극적으로 협력하였던 마론파 그리스도인들은 그리스도인들의 국가를 만들고자 하였으나 뜻을 이루지 못하였다. 프랑스는 마론파의 주 근거지인 레바논산 지역만으로 레바논을 만드는 것이 프랑스의 이익에 부합하지 않는다고 판단하여 보다 확장된 대 레바논을 계획하고 무슬림을 새로운 국가의 일원으로 포함하였다. 그 결과 레바논은 그리스도교와 이슬람교가 공존해야만 하는 거대한 종교간 대화 시험장이 되었다.

마론파가 중심이기는 하지만 그리스도교는 여러 종파가 다양하게 존재하고, 이슬람교 역시 순니와 12이맘파 시아, 이스마일리 시아, 알라위 시아로 다채롭게 구성되어 있다. 그리스도교와 이슬람교 외에도 비록 소수이기는 하지만 드루즈, 유대교 등도 있다. 레바논은 모두 18개의 종교를 공식적으로 인정하고 있고, 이러한 종교종파 구분을 바탕으로 종교간 의원수 균형을 유지하고 있다.

〈표 2. 레바논의 18개 공식종교종파와 하원 의석수〉[5]

종교종파		의석
그리스도교(의회 64석 배정)	마론파 가톨릭교회	34
	그리스정교회	14
	그리스가톨릭교회	8
	아르메니아정교회	5
	아르메니아가톨릭교회	1
	시리아정교회	1
	시리아가톨릭교회	
	앗시리아교회	
	칼데아교회	
	이집트정교(콥트)	
	라틴가톨릭교회	
	개신교회	1

	순니	27
이슬람과 드루즈(의회 64석배정)	시아	27
	이스마일리	0
	알라위	8
	드루즈	5
기타	유대교	0

5. 경제

오랜 전쟁과 정치불안으로 레바논의 경제는 붕괴직전이다. 금융, 관광, 보석, 식품가공, 섬유, 시멘트, 광물 등이 주요 산업이다. 주요 수출대상국은 중국, 아랍에미리트, 남아프리카공화국, 사우디아라비아, 시리아인데, 보석, 무기화합물, 광물, 과일 등을 수출하고, 중국, 이탈리아, 그리스, 독일, 미국으로부터 석유, 자동차, 의약품, 의류, 육류 등을 수입한다.

2011년 발발한 시리아 내전에 따른 난민이 유입되어 이미 부정부패와 경제실정, 부채로 가뜩이나 어려운 경제상황에 부담감을 주고 있다. 2011년 이전에 약 60-70만명이 시리아인들이 레바논에서 일하고 있었는데, 내전 발생 후 이들의 가족까지 레바논으로 들어와서 살고 있다. 유엔난민기구 통계로는 시리아 난민수가 100만명에 미치지 못하지만, 레바논 정부는 난민 수를 150만 명으로 보고 있다.

〈표 3. 주요경제지표〉

	1990년	2000년	2010년	2017년
국민총생산(미달러)	28.4억	172.6억	384.2억	535.8억
국민총생산연성장률	26.5%	1.3%	8.0%	1.5%
연 인플레이션률	15.5%	-2.1%	0.2%	2.5%
국민총생산대비 농림수산업 부가가치 비율	-	6%	4%	4%
국민총생산대비 공업 부가가치 비율	24 %	20 %	14 %	14%
국민총생산대비 물품서비스 수출비율	18%	14%	36%	24%
국민총생산대비 물품서비스 수입비율	100%	36%	60%	44%
국민총생산대비 총자본형성률	31%	20%	25%	20%
국민총생산대비 세입비율(원조제외)	-	16%	20.1%	19.8%
국민총생산대비 순저축	-	-18.4%	-7.5%	-7.4%

출처: The World Bank. "Country Profile: Lebanon."[6]

6. 한국-레바논 관계

우리나라와 레바논은 1969년 10월 1일 주 베이루트 통상대표부 설치에 합의하고, 1970년 1월 14일 통상대표부를 설치하였다. 외교관계는 1981년 2월 12일에 수립하고, 1982년 4월 10일에 제1대 문창화 대사 신임장을 제정하였다. 레바논은 1994년 7월에 우리나라에 대사관을 개설하고, 1994년 8월 30일에 바클리니 초대 상주대사 신임장을 제정하였다. 레바논은 북한과도 우리와 같은 날인 1981년 2월 12일에 외교 관계를 수립하였다.

우리나라는 유엔 안보리 결의(425, 1686, 1701호 등)을 준수하며 레바논의 주권 및 영토보전을 지지하고, 정치·경제적으로 지원하고 있다. 레바논은 친북외교를 펴는 시리아의 영향 때문에 우리나라와 친밀한 관계를 발전시키지 못하였으나 시리아의 영향력에서 벗어나면서 우호적으로 변화하고 있다. 우리나라는 레바논에 자동차, TV 등 영상기기, 타이어, 냉장고, 축전지 등을 수출하고, 레바논으로부터 알루미늄, 동제품, 플라스틱 제품 등을 수입하고 있다.[7]

<표 4. 레바논과 교역추이>

	수출액(미달러)	증감률(%)	수입액(미달러)	증감률(%)	수지(미달러)
2018년	1억 7,300만	- 54.2	3,700만	- 52.8	1억 3,600만
2017년	3억 7,800만	99.2	7,900만	315.5	2억 9,900만
2016년	1억 9,000만	- 25.1	1,900만	- 19.5	1억 7,100만

출처: K-stat[8]

주석

평화를 꿈꾸는 레바논

1 레바논 면적과 세계순위는 CIA의 The Worldfact Book, 대한민국 면적 (100,363.7km²)은 2017년 국토교통부 『지적통계연보』를 참고하였다. https://www.cia.gov/library/publications/the-world-factbook/geos/le.html (검색: 2019년 5월 1일). http://www.index.go.kr/potal/main/EachDtlPageDetail.do?idx_cd=2728 (검색: 2019년 5월 1일).

2 CIA, "The Worldfact Book," https://www.cia.gov/library/publications/the-world-factbook/geos/le.html (검색: 2019년 5월 1일).

3 위와 같음.

4 The World Bank, "Country Profile: Lebanon," World Development Indicators Database. https://databank.worldbank.org/data/views/reports/reportwidget.aspx?Report_Name=CountryProfile&Id=b450fd57&tbar=y&dd=y&inf=n&zm=n&country=LBN (검색: 2019년 5월 20일).

5 공식종교는 다음 자료를 참고함. William Harris, *Lebanon: A History 600-2011* (New York: Oxford University Press, 2012), p. 14.

6 The World Bank, "Country Profile: Lebanon," World Development Indicators Database. https://databank.worldbank.org/data/views/reports/reportwidget.aspx?Report_Name=CountryProfile&Id=b450fd57&tbar=y&dd=y&inf=n&zm=n&country=LBN (검색: 2019년 5월 20일).

7 외교부, 『레바논개황』 110-118쪽.

8 http://stat.kita.net/stat/world/trade/CtrToCtrImpExpList.screen (검색: 2019년 5월 25일)

참고문헌

국토교통부. 『지적통계연보』. http://www.index.go.kr/potal/main/ EachDtlPageDetail.do?idx_cd=2728 (검색: 2019년 5월 1일).

주레바논 대한민국대사관. http://overseas.mofa.go.kr/lb-ko/index.do (검색: 2019년 5월 23일).

외교부. 『레바논 개황』. 2017.

Abisaab, Malek. "Lebanon." In Richard C. Martin et al. eds. *Encyclopedia of Islam and the Muslim World*, 2nd. ed., vol. 2, 651-655. New York: Thomson Gale, 2016.

Abukhalil, As'ad. "Lebanon." In Gerhard Bowering et al. eds. *The Princeton Encyclopedia of Islamic Political Thought*, 314. Princeton and Oxford: Princeton University Press, 2013.

Chevallier, D. "Lubnan." In *Encyclopaedia of Islam*, 2nd. ed., vol. 3, 787-798.

CIA. "The Worldfact Book." https://www.cia.gov/library/publications/the-world-factbook/geos/le.html (검색: 2019년 5월 1일).

Collelo, Thomas, ed. *Lebanon: A Country Study*. Washington: GPO for the Library of Congress, 1987.

Deeb, Lara. "Hizbullah." In Gerhard Bowering et al. eds. *The Princeton Encyclopedia of Islamic Political Thought*, 220-221. Princeton and Oxford: Princeton University Press, 2013.

Harris, William. *Lebanon: A History 600-2011*. New York: Oxford University Press, 2012.

Hermez, Sami. *War Is Coming: Between Past and Future Violence in Lebanon*. Philadelphia: University of Pennsylvania Press, 2017.

Hitti, Philip K. *A Short History of Lebanon*. New York: St. Martin's Press, 1965.

Khazen, Farid el. "Lebanon." In Richard C. Martin et al. eds. *Encyclopedia of Islam and the Muslim World*, vol. 1, 411-413. New York: Thomson Gale, 2004.

Traboulsi, Fawwaz. *A History of Modern Lebanon*. London and Ann Arbor, MI: Pluto Press, 2007.

The World Bank, "Country Profile: Lebanon," World Development Indicators Database. https://databank.worldbank.org/data/views/reports/reportwidget.aspx?Report_Name=CountryProfile&Id=b450fd57&tbar=y&dd=y&inf=n&zm=n&country=LBN (검색: 2019년 5월 20일).

찾아보기

【ㄱ】

가나안 144, 145
가부동수 52
각료위원회 32, 34, 70, 72, 74, 76,
    80, 82, 84, 86, 90, 92, 94, 96,
    112, 114, 120, 122, 124, 130
경제 체제 14
공공정책 90, 92, 94, 98
공무원 68, 94, 96
교육 26
국가위원회 130
국가 훈장 74
국경 12, 18
국기 20, 143
국적 24
국제연합 12
국제연합헌장 12
국제 조약 70, 96
군대 94
군 최고사령관 66
그리스도교도 40, 130, 132

【ㄷ】

대통령 34, 50, 66, 68, 70, 72, 74, 76,
    78, 80, 82, 84, 86, 88, 90, 92,
    96, 102, 106, 108, 112, 114,
    116, 120, 122, 130

【ㅁ】

마론파 136, 137, 141, 142, 143, 146,
    154, 155

【ㅂ】

반역죄 84, 86, 102
백향목 22, 143, 144
법주권 14
법학파 26, 136
베이루트 20, 44, 141, 145, 146, 147,
    149, 150, 151
분파주의 14, 130, 152
불신임 54, 100, 102

【ㅅ】

사법권 36
상원의회 38, 141
샤피이 법학파 136
선거법 36, 40, 96, 152

선거위원회 78, 106
세계인권선언 12
세금 118, 124
소유권 14, 30, 153
순니 136, 137, 141, 142, 149, 154, 156
시아 136, 137, 141, 142, 143, 149, 154, 155, 156
신앙의 자유 12, 26, 153
신임장 74, 143, 158

【ㅇ】

아랍어 28, 142, 145
아랍연맹 12, 136, 150, 153
아랍연맹헌장 12, 153
알라위 137, 142, 155, 156
알파벳 145
언론의 자유 28
예산안 48, 118, 120, 122, 124
움마 44, 68
의사 표현의 자유 28
의회 민주 공화국 14, 153
이슬람교도 40, 130, 132
일반 범죄 84
일반사면 74
임시회 50, 54, 74, 92, 94, 102, 122, 124
입법권 32, 38

【ㅈ】

정기회 48, 50, 54, 94, 110, 118
주거 28, 30
주권 12, 18, 153, 158
주권자 14, 153
지명 투표 54
집회 및 결사의 자유 28

【ㅊ】

천연자원 126
청원서 60, 64
총동원령 96
총리 34, 50, 70, 72, 74, 76, 90, 92, 100, 102, 104, 116, 122, 130, 137, 141, 149
최고방위위원회 66
최고위원회 86, 104, 116

【ㅌ】

타이프 조약 150
탄핵 104, 116
특별사면 74
특별 충당금 120

【ㅍ】

페니키아 145
표현의 자유 12, 28, 153
프랑스어 28, 142

【ㅎ】

하원의회 32, 34, 38, 40, 42, 44, 50,
    52, 66, 68, 72, 74, 76, 78, 84,
    92, 96, 98, 102, 106, 108, 110,
    112, 116, 118, 130
행정구역 20
행정권 32, 66, 94
헌법위원회 34, 48, 141
헤즈볼라 150, 151
현행범 56
회계국 124

명지대학교 중동문제연구소 중동국가헌법번역HK총서13

레바논 헌법

등록 1994.7.1 제1-1071
발행 2019년 6월 30일

기 획   명지대학교 중동문제연구소(www.imea.or.kr)
옮긴이   김종도 정상률 임병필 박현도
감 수   김현종 한경재
펴낸이   박길수
편집장   소경희
편 집   조영준
관 리   위현정
디자인   이주향
펴낸곳   도서출판 모시는사람들
         03147 서울시 종로구 삼일대로 457(경운동 수운회관) 1207호
전 화   02-735-7173, 02-737-7173 / 팩스 02-730-7173
홈페이지 http://www.mosinsaram.com/

인쇄   천일문화사(031-955-8100)
배본   문화유통북스(031-937-6100)

값은 뒤표지에 있습니다.
ISBN 979-11-88765-51-5   94360
SET   978-89-97472-43-7   94360

이 도서의 국립중앙도서관 출판예정도서목록(CIP)은 서지정보유통지원시스템
홈페이지(http://seoji.nl.go.kr)와 국가자료종합목록 구축시스템(http://kolis-net.
nl.go.kr)에서 이용하실 수 있습니다. (CIP제어번호 : CIP2019023813)

이 역서는 2010년 정부(교육과학기술부)의 재원으로 한국연구재단의 지원을 받아 수행된
연구임(NRF-2010-362-A00004)